LA POTERIE

Laurence McGowan, *vase en argile à grès*

Christine Jones, *vases colorés*

John Leach, *poteries en argile à grès*

Duncan Ross, *bol poli*

LA POTERIE

Morgen Hall

CELIV

SOMMAIRE

ISBN 2-86535-402-4

Réalisation de l'édition française :
Les Éditions de l'Orxois
Traduction : Jean-Max Capmarty

Rédactrice en chef : Kate Kirby
Maquettiste : Julie Francis
Rédacteurs : Hazel Harrison, Jean Coppendale
Photographes : Charles et Patricia Aithie,
Les Weiss
Directrice éditoriale : Pippa Rubinstein
Directrice artistique : Moira Clinch

Imprimé à CTRA. ESTELLA-TAFALLA, Espagne

Note de l'éditeur
La poterie peut être dangereuse. Suivez donc toujours les instructions attentivement et soyez prudent. Observez les procédures de sécurité qui accompagnent les conseils techniques. Nous pensons que les conseils, instructions et avis concernant les techniques et méthodes mentionnées dans cet ouvrage sont précis et sûrs. Cependant, ni l'auteur, propriétaire du copyright, ni l'éditeur ne peuvent accepter une quelconque responsabilité légale.

LE MONTAGE AU TOUR

INTRODUCTION

Peter Meanley *Théière « émaillée au sel », façonnée avec des pièces moulées.*

L'argile est un matériau magique. Très agréable à travailler, elle figure parmi les substances les plus polyvalentes. L'argile et l'émail, portés ensemble à des températures suffisamment élevées pour produire la céramique, permettent de créer presque toutes les formes, textures, couleurs ou motifs imaginables. Cette fusion de deux matières tirées du sol fournit des produits dignes des pierres précieuses, et l'étude de la céramique fait penser à l'alchimie.

Cette polyvalence de la céramique a été célébrée dans le monde entier pendant des millénaires, et l'étude de son histoire permet de connaître les idées et les expériences des artisans.

Vu l'étendue de ce domaine, il peut être intimidant de vouloir parler de céramique. Ce livre ne vise qu'à être un point de départ et vous propose une série de projets à exécuter pas à pas, en vous montrant de nombreuses techniques de base que vous pourrez ensuite développer pour vos créations.

OÙ TROUVER DES INFORMATIONS COMPLÉMENTAIRES

La céramique est un sujet trop vaste pour être traité dans un unique ouvrage. Vous aurez donc besoin de rassembler d'autres renseignements. Pour ce faire, vous pouvez vous adresser à vos fournisseurs de matières premières. Ils éditent des catalogues de leurs produits, qui contiennent souvent des informations concernant la santé et la sécurité. Pour tout achat d'équipement, assurez-vous que vous êtes bien en possession d'un mode d'emploi complet. Les cours de poterie attirent beaucoup de monde. Ils apportent une aide technique non négligeable, ainsi que des moments de créativité et des contacts sociaux. Mais il peut être frustrant de ne pouvoir suivre que deux ou trois heures de cours par semaine. La plupart des écoles artistiques ont d'excellentes classes de céramique à plein temps et des cours plus restreints donnés par des professionnels. Un stage de poterie d'une semaine ou deux, avec un artisan, dans son atelier, est une façon très agréable d'apprendre. Demandez à

Susanne Altzweig *Pichets montés au tour et assiette moulée, émaillés à l'étain, style majolique.*

Ray Finch *Bol avec pied, engobé et « émaillé au sel ».*

votre fournisseur s'il connaît un potier qui propose des stages dans votre région, ou encore consultez les petites annonces d'une revue spécialisée.

Les associations professionnelles fournissent aussi nombre d'informations, notamment les adresses de magazines spécialisés, ou les noms des potiers qui reçoivent volontiers des visiteurs dans leurs ateliers. L'achat de céramiques faites à la main, dans une galerie d'art ou directement chez l'artisan, est aussi une source de connaissances et d'inspiration. Dans les musées et les librairies, mais aussi sur l'Internet, vous trouverez des renseignements sur la céramique. Il existe également de nombreuses associations de potiers qui possèdent un réseau d'entraide, avec des séances de démonstration ou d'autres événements.

Masque facial avec filtres.

SANTÉ ET SÉCURITÉ

Si vous avez l'intention d'installer un atelier chez vous, il vous faudra prendre en compte tous les aspects pratiques, sans négliger les mesures de sécurité. Demandez conseil à votre professeur de poterie ou à votre fournisseur. Vous trouverez ci-dessous les principaux dangers qu'il faut connaître.

- En raison de la toxicité de certains produits utilisés, ainsi que des poussières d'argile sèche, vous ne devez pas essayer de travailler dans votre cuisine. Vous aurez besoin d'une pièce inhabitée, bien éclairée, située de préférence au rez-de-chaussée pour faciliter le transport des matériaux et de l'équipement.
- Votre four devra être installé dans une pièce séparée, sauf si vous disposez d'un extracteur de fumées. Pour éviter tout risque d'incendie, assurez-vous que l'extracteur et ses accessoires sont conçus pour résister aux hautes températures des fumées du four. Vous devrez aussi veiller à ce que le four lui-même ne soit pas susceptible de déclencher un incendie. Demandez conseil à votre fournisseur de fours, voire aux pompiers locaux, avant d'installer le four et l'extracteur.
- Le four pouvant atteindre des températures extrêmement élevées, il représente un danger mortel si la porte est ouverte pendant la cuisson. Même l'extérieur du four devient très chaud. Il ne faut donc jamais laisser des enfants ou des animaux sans surveillance à proximité. Le four doit être verrouillé, ou la pièce elle-même fermée à clef. Il ne faut pas laisser les enfants jouer avec le four, même froid et éteint, car ils peuvent se coincer ou se blesser.
- La pièce doit être équipée d'un évier avec l'eau courante, ou au moins y avoir un accès facile. Veillez cependant à ne jamais rincer des récipients ayant contenu de l'argile, du vernis, ou du plâtre, directement dans l'évier.
- Vous aurez besoin de nombreuses étagères pour libérer la surface de travail. Les plus adéquates possèdent des rayonnages réglables en hauteur, ce qui permet de stocker des pièces de différentes tailles.
- La plupart des colorants et beaucoup d'émaux utilisés en céramique sont toxiques jusqu'à ce qu'ils soient rendus à l'état de surface vitrifiée. Dans certains émaux, quelques composants restent toxiques, même après cuisson (voir l'avertissement de la page 18). Il faut évidemment veiller à ne pas inhaler ou ingérer ces produits. Il est impératif de porter un masque équipé de filtres adéquats lorsqu'on manipule des produits en poudre. Prenez garde de ne pas contaminer de boissons ni d'aliments. Il est nécessaire de toujours surveiller les enfants lorsqu'ils manipulent des produits toxiques.
- La poussière d'argile est essentiellement composée de silice. Cette poussière inhalée a des effets cumulatifs qui engendrent la silicose, une maladie des poumons. La poussière d'émail contient aussi de la silice, ainsi que des produits potentiellement toxiques ; il ne faut donc ni l'inhaler, ni l'ingérer.
- Pour limiter les poussières, nettoyez les surfaces de travail avec une éponge et lavez le sol de l'atelier chaque jour. Ne balayez pas, au risque de soulever la poussière. La moquette ne convient pas comme revêtement de sol.

Si vous avez un doute concernant un point de sécurité, demandez conseil à votre fournisseur de matériaux ou d'équipement. La céramique peut être une activité sans danger, comme en témoignent tous les potiers qui jouissent d'une excellente santé. Étudiez bien les matériaux et l'équipement que vous achetez, ainsi que les modes d'emploi, et lancez-vous dans la découverte du monde de la céramique.

OUTILS & ÉQUIPEMENT

1 Ébauchoir en bois dur
2 Ébauchoir en bois dur
3 Outil en fer forgé (pour graver des dessins dans le plâtre)
4 Outil à faire des trous. Sa forme en queue de billard permet de faire des trous de différents diamètres pour s'adapter à la taille du pot
5 Outil à faire les colombins. Existe en différentes tailles
6 Mirette à deux bouts. Sa forme, différente à chaque extrémité, permet de couvrir une plus large gamme de besoins
7 Petite mirette à deux bouts
8 Outil à sgraffite
9 Couteau de potier, un des outils les plus utiles à l'atelier
10 Pistolet à argile. Une sélection d'embouts de toutes sortes permet de produire de petits morceaux d'argile que l'on peut utiliser dans un but décoratif
11 Applicateur d'engobe (poire en caoutchouc)
12 Applicateur d'engobe (bouteille en plastique)
13 Rouleau en bois. Des rouleaux suffisamment longs sont particulièrement utiles pour obtenir des plaques d'argile
14 Fil à couper
15 Fil à couper torsadé. Il donne un profil décoratif à l'argile coupée
16 Tamis à mailles de 120, pour tamiser de petites quantités d'engobe ou d'émail
17 Large tamis à mailles de 120, pour tamiser de grandes quantités d'engobe ou d'émail

18 Haricots en caoutchouc, grand et petit modèles. Existent en dur ou souple
19 Haricot rectangulaire en métal. Existe en souple ou dur. Les modèles durs sont utiles pour égaliser les pots faits à la main ; on utilise les souples pour lisser les flancs des pots montés au tour
20 Haricot à bord rugueux. Vous pouvez couper un bord avec des ciseaux pour avoir un côté droit et un côté courbe
21 Tournassin en bambou. Outil de base du tourneur, excellent pour décoller le bord de la base des pots avant de les retirer de la girelle
22 Esthèque en bois de hêtre avec un côté droit et un côté concave
23 Esthèque en bois de hêtre aux bords arrondis
24 Éponge naturelle, conseillée pour le décor à l'éponge. On peut l'utiliser au tour, mais une éponge synthétique peut aussi faire l'affaire, sous réserve qu'elle ne s'émiette pas à l'usage
25 Éponge synthétique sur tige. Pour monter de grands pots au tour – vous pouvez en fabriquer une vous-même en attachant une éponge à un manche, au moyen d'un élastique
26 Petits pinceaux pour les détails fins
27 Queue de morue
28 Gros pinceau chinois, excellent pour le décor au pinceau
29 Queue de morue large, à long manche, pour la décoration ou l'application d'émail
30 Compas pour vérifier et comparer les mesures pendant le montage au tour ; on s'en sert principalement pour les pots munis de couvercles

L'ARGILE

John Leach *Pot monté au tour, cuit dans un four à sciure.*

Prenez une motte d'argile. Ce que vous avez dans les mains, fondamentalement, ce sont des particules de roche éruptive, de l'eau et des millions d'années.

La roche éruptive vient de la lave ou magma. Ces granits formant la plus grande partie de l'écorce terrestre, l'argile est abondante partout dans le monde. La transformation des roches en argile commence sous la surface de la terre, avant que le magma se refroidisse et devienne solide. Les gaz chauds venant de l'intérieur de la terre décomposent la roche en la brisant en petites particules. Les molécules de feldspath de la roche se décomposent ensuite pour former ce que l'on appelle l'argile primaire.

L'argile primaire la plus fréquemment utilisée est le kaolin, composé d'alumine, de silice et d'eau. Le kaolin comporte souvent de grosses particules rugueuses qui empêchent de le travailler en l'état, car il n'a pas la plasticité voulue pour être mis en forme. C'est cependant un additif utile à d'autres argiles, barbotines ou émaux ; on peut le mêler à d'autres matériaux pour obtenir la porcelaine.

Le travail de la poterie réclame une argile souple. La phase suivante dans la décomposition de l'argile primaire est donc essentielle. L'argile primaire est évacuée de son site originaire, emportée par l'eau des rivières ou la glace. Cette action brise les particules grossières de l'argile, et ces particules plus petites et plus lisses peuvent aussi se mélanger à d'autres matériaux, comme l'oxyde de fer ou des matières végétales. L'argile que l'on trouve loin de son site d'origine volcanique est appelée argile secondaire, et c'est celle qu'utilisent les potiers.

Il existe plusieurs sortes d'argiles secondaires, chacune ayant ses qualités propres. On les trouve dans des veines déposées à différentes profondeurs, et la qualité peut varier considérablement. La plupart des potiers utilisent des argiles commerciales qui ont été préparées en mêlant divers gisements pour obtenir des qualités constantes. Les deux principaux types d'argiles secondaires sont :

L'argile commune, que l'on cuit généralement entre 1 080°C et 1 150°C. Elle reste poreuse, même après cuisson, et contient des minéraux qui fondraient à des températures plus élevées, causant des déformations des poteries. Sa couleur va du blanc au brun, selon la quantité d'oxyde de fer qu'elle contient.

L'argile à grès, que l'on cuit entre 1 200°C et 1 350°C. À la différence de l'argile commune, elle ne contient pas de grandes quantités d'éléments minéraux étrangers. On peut donc la cuire jusqu'à ce qu'elle devienne molle. Elle fusionnera ainsi plus profondément avec la couche d'émail ; quant à l'argile non émaillée, cela lui donnera un aspect vitrifié.

L'ALIGNEMENT DES MOLÉCULES D'ARGILE

L'argile est composée de molécules plates et hexagonales. Dans l'argile fraîche et humide, ces molécules en forme d'assiette ne sont pas alignées parallèlement, mais disposées au hasard, ce qui rend l'argile moins malléable et sujette à des craquelures en surface lorsqu'on la courbe (on l'appelle argile sèche). Lorsque les molécules sont disposées au hasard, il y a davantage d'espaces remplis d'eau entre elles, ce qui fait que l'argile se rétracte en séchant.

Pour y remédier, on peut pétrir l'argile fraîche, puis la stocker pendant huit à dix semaines dans un récipient étanche. La pression écrase les molécules les unes contre les autres, en couches parallèles, ce qui rend l'argile plus souple et malléable. La pellicule d'eau située entre les molécules plates leur permet de glisser les unes sur les autres, tout en les maintenant ensemble par un phénomène de succion, comme l'eau entre deux plaques de verre les empêche de se séparer, mais permet des mouvements de glissement. C'est cette faculté que possèdent les molécules plates de glisser les unes sur les autres qui autorise l'étirement de l'argile et son façonnage dans la forme souhaitée.

LE BATTAGE DE L'ARGILE

Lorsque l'on façonne l'argile, il faut appliquer une pression égale sur toutes les surfaces pour que les molécules soient alignées de façon homogène. Cela permet un séchage plus régulier. Il est essentiel de presser fortement la base des pots, sinon elle ne subira pas une pression aussi importante que les parois durant le façonnage. La base décorée du vase des pages 42-45 et celle de tous les vases montés au tour ont ainsi subi une importante pression. À défaut, la base présenterait, en séchant, une fissure en forme de « S », car l'argile aux molécules non alignées de la base se rétracterait plus que l'argile alignée des parois.

RÉGÉNÉRATION ET PRÉPARATION

Avec l'argile, les pertes sont toujours faibles, car toute matière non cuite peut être trempée dans de l'eau pour être régénérée et réutilisée encore et encore. Commencez par tremper tout morceau d'argile sèche dans un seau d'eau ou tout autre récipient. Brisez les grosses mottes d'argile sèche et laissez-les tremper jusqu'à ce qu'il n'y ait plus de boules dures (la durée dépendra de la taille des morceaux d'argile sèche). Couvrez votre bassin de régénération, de façon à ce qu'aucun corps étranger ne vienne contaminer votre argile ; il est en effet important de veiller à ce que l'argile ne contienne pas autre chose que de l'eau. Puis enlevez la couche d'eau superficielle, à l'aide d'un pichet ou d'une éponge.

Enfin, procédez comme suit pour transformer vos déchets d'argile en matière prête à l'emploi.

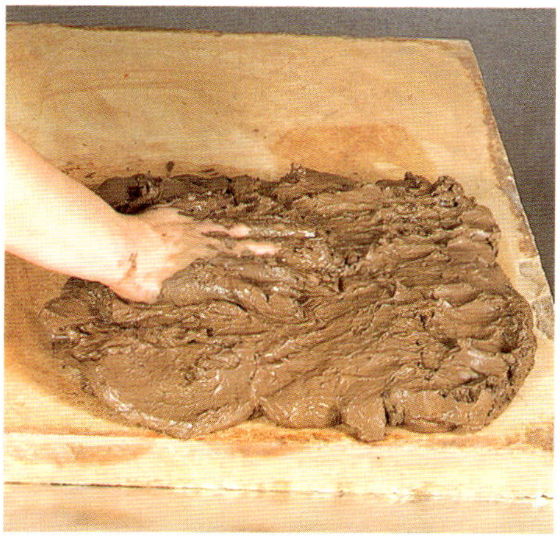

1 Le séchage des fragments d'argile
Avec les fragments d'argile, constituez une couche de 5 cm d'épaisseur sur un plateau de plâtre sec. Vérifiez qu'il n'y a aucune boule d'argile dure. Un pot d'argile fraîche qui s'est effondré sur le tour peut être directement remis sur le plateau de plâtre, pour le faire sécher avant récupération.

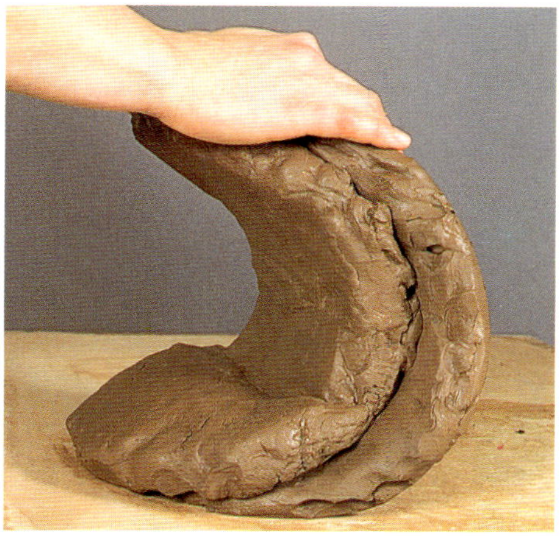

2 Lorsque l'argile a suffisamment séché pour pouvoir être décollée du plateau, retournez-la pour faire sécher l'autre côté. Après quoi, maniez-la pour constituer une motte ferme. Prenez soin de ne pas laisser l'argile sécher trop longtemps, car la fragmentation et le malaxage la feront encore sécher. Il faut que l'argile soit aussi souple que possible.

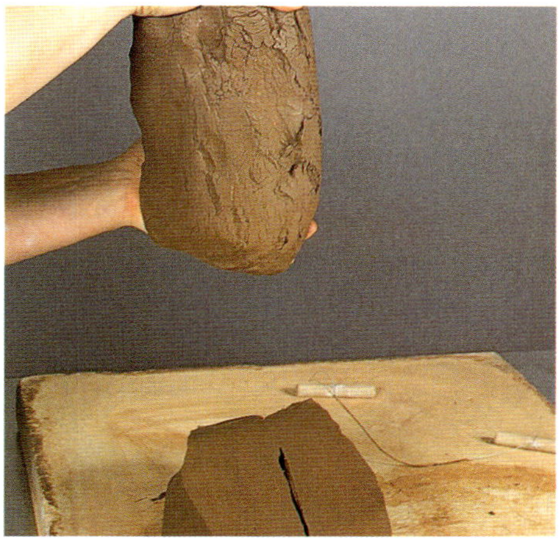

3 Le malaxage de l'argile
Séparez la motte d'argile en deux à l'aide d'un fil à couper, puis prenez une moitié et projetez-la sur la partie restée sur le plateau. Tournez alors la motte sur le côté, coupez-la par le milieu, prenez à nouveau une moitié que vous projetterez en l'écrasant sur l'autre moitié.

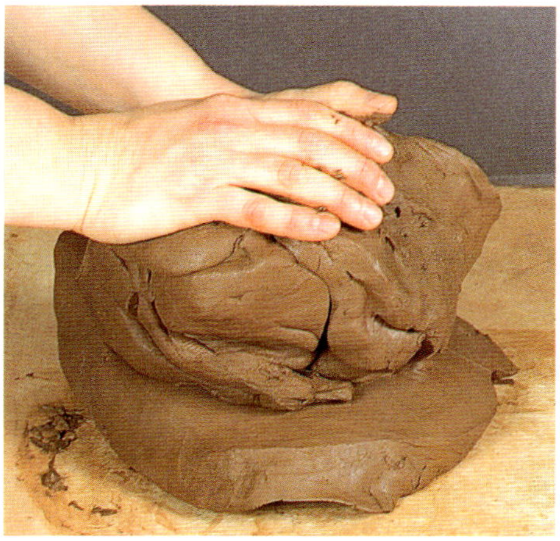

4 Continuez à couper, tourner et plaquer l'argile souple selon ce schéma, jusqu'à ce qu'elle soit bien homogène, sans parties dures ni molles. Lorsque vous plaquez les deux morceaux d'argile, veillez à ce que les surfaces soient lisses et sans trous, pour éviter d'emprisonner de l'air.

5 Le pétrissage de l'argile
Le pétrissage de l'argile nécessite de l'expérience et de la patience. Il ressemble au tournage, dans la mesure où il se fait d'un mouvement continu, difficile à expliquer. Voici quelques éléments de base qui vous aideront à débuter. Prenez une motte d'argile fraîche et malaxée, de taille raisonnable (la motte illustrée ici fait environ 2 kg), et placez vos mains de chaque côté, vos doigts l'entourant vers l'arrière.

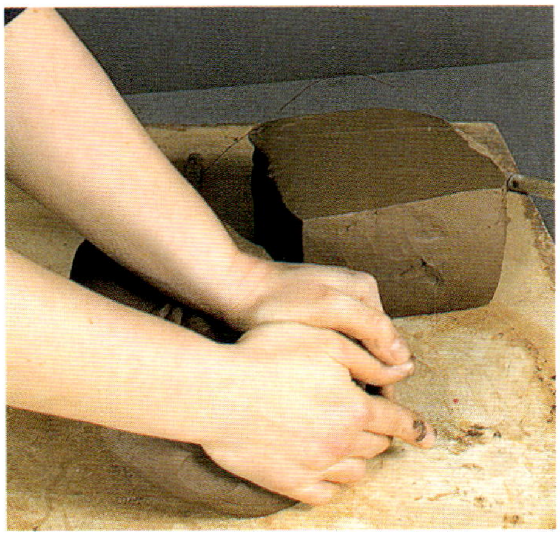

6 Debout, un pied devant l'autre, penchez votre corps en avant et appuyez les paumes de vos deux mains sur la motte, en y mettant la même force. Essayez de pousser l'argile en avant plutôt que de la presser verticalement (une pression verticale ne ferait que l'aplatir). La base de l'argile doit être courbe.

AVERTISSEMENT

Ne pétrissez que l'argile molle. Si elle est trop ferme, vous risquez en effet de vous blesser les poignets. Interrompez tout processus décrit dans ce livre si vous ressentez la moindre douleur ou gêne, et demandez conseil.

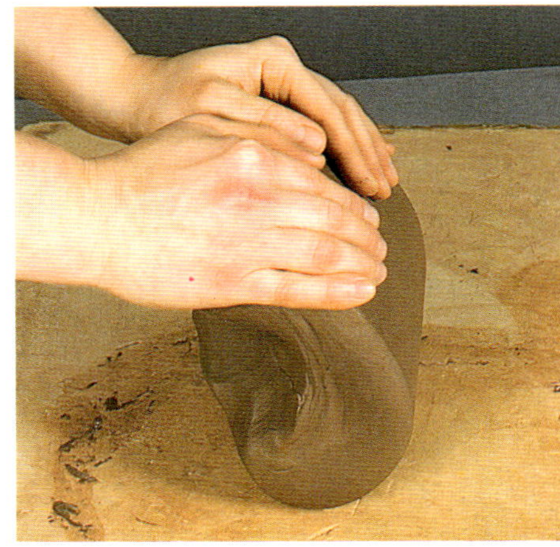

7 Puis redressez-vous en basculant le poids de votre corps sur votre jambe arrière et relevez la motte vers vous, en la soulevant légèrement avec vos doigts. Répétez les phases 5 et 6, et continuez à pétrir l'argile jusqu'à ce qu'elle ne contienne plus la moindre bulle d'air.

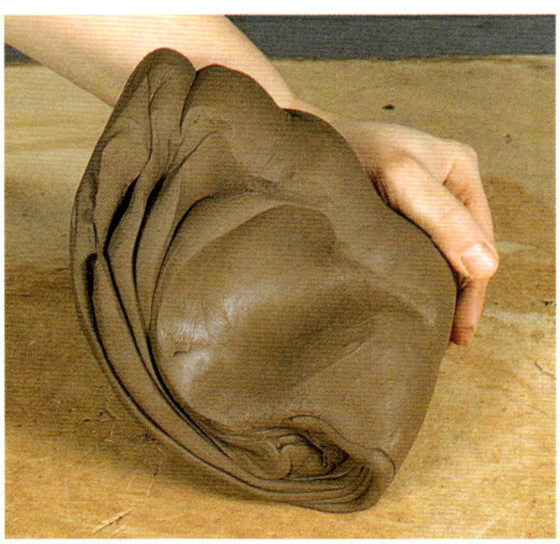

8 Ici, on a libéré une main pour vous permettre de mieux voir la forme de l'argile pétrie. Le creux profond représente la marque de la paume de la main droite refoulant l'argile en fin de mouvement. Vous remarquerez la courbure de la base de la motte. Cette méthode de pétrissage s'appelle « face de bœuf » ou « face d'ours », car le résultat ressemble à la tête d'un animal. Notez aussi l'enroulement des couches d'argile résultant de cette action répétée.

9 Cette méthode de pétrissage consiste à enrouler l'argile de telle façon que l'intérieur de la motte vienne à l'extérieur et réciproquement. Cela permet de ranger les molécules d'argile en un alignement régulier et d'amener à la surface toutes les bulles d'air enfermées, puis de les faire éclater sur le plateau. Il faut pétrir longtemps pour être sûr que l'argile ne contient plus d'air. Afin de vous en assurer, coupez la motte en tranches avec un fil à couper. Vérifiez différentes couches dans la motte entière, puis recomposez la motte avec précaution pour ne pas enfermer d'air à l'intérieur. Il est très important que l'argile soit homogène et ne contienne aucune bulle d'air pour monter des pots au tour ; toute bulle d'air provoquerait en effet une bosse, ce qui rendrait difficile le maintien du pot au centre.

10 Ici, on a pétri par trois fois des argiles rouge et blanche, puis on a effectué une coupe pour montrer le processus en spirale. Si vous avez deux argiles de couleurs différentes, vous pouvez les pétrir ensemble pour obtenir un mélange homogène, ou les utiliser en gardant des marbrures, soit en pressage au moule, soit au tour. On a employé ce mélange pour façonner les tasses illustrées page 109. Avec des argiles mélangées, faites des essais, car les retraits à la cuisson peuvent varier.

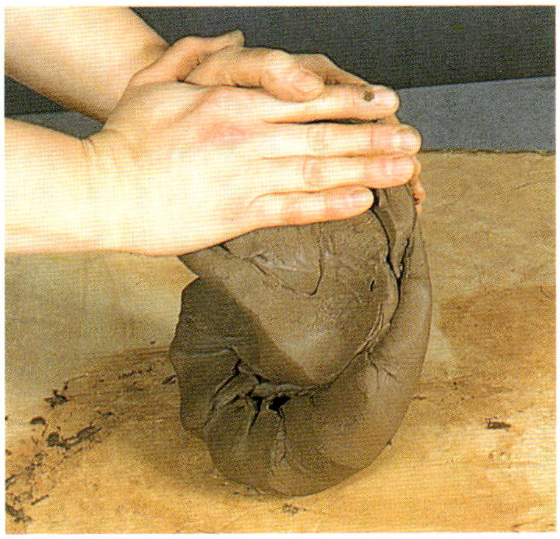

11 Le pétrissage en spirale

Voici une autre façon de pétrir l'argile, particulièrement utile pour les grosses mottes. La masse d'argile s'enroule autour des bords de la motte pendant que vos mains ne pétrissent qu'une partie à la fois. Dans cette méthode, les deux mains ne travaillent pas régulièrement, l'une d'elles accomplissant la plus grosse partie de l'effort. Commencez par poser vos mains au sommet de la motte d'argile fraîche, puis appuyez avec une seule main uniquement sur la surface que recouvre cette main. De l'autre main, redressez la motte et faites-la pivoter légèrement en répétant votre action au fur et à mesure que l'argile s'enroule. Ce procédé étant assez difficile à apprendre, nous vous conseillons de vous le faire enseigner par un potier.

L'ÉPAISSEUR D'ARGILE MAXIMALE

Il faut savoir que l'on ne peut façonner des formes en argile de plus de 2 cm d'épaisseur environ sans rencontrer des problèmes à la cuisson. En effet, pendant la cuisson, l'argile émet des gaz qui doivent être évacués par la surface. Or, la température montera plus vite à l'extérieur d'une pièce épaisse qu'à l'intérieur, et c'est en premier lieu la surface qui atteindra le point où les pores se rétrécissent et se ferment, ce qui la rendra étanche, enfermant ainsi la vapeur et les gaz émis par l'argile de l'intérieur. Ces gaz emprisonnés peuvent atteindre une pression capable de faire exploser la pièce, et vous obtiendrez de gros tessons d'argile cuite.

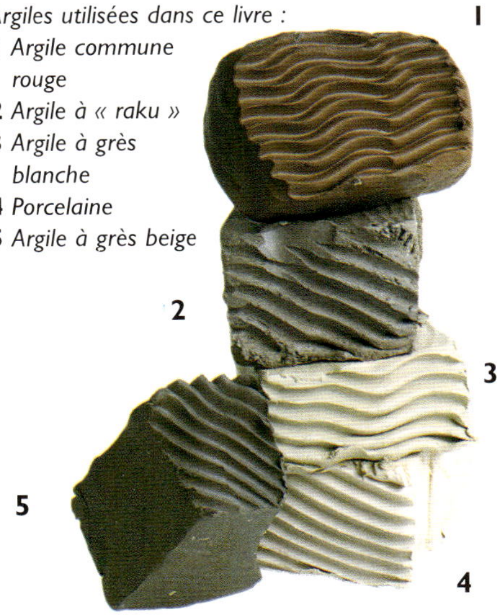

Argiles utilisées dans ce livre :
1 *Argile commune rouge*
2 *Argile à « raku »*
3 *Argile à grès blanche*
4 *Porcelaine*
5 *Argile à grès beige*

LE STOCKAGE DE L'ARGILE

Conservez l'argile fraîche dans des récipients étanches. Nombreux sont les potiers qui la conservent dans de vieux réfrigérateurs ou congélateurs. Mais il faut vous assurer que les portes peuvent être ouvertes de l'intérieur, car ils représentent un danger pour les enfants qui peuvent s'y enfermer, avec des risques d'étouffement.

L'argile prête à l'emploi que l'on achète chez les détaillants est livrée en sacs plastiques. Même si cette argile est assez souple et exempte de bulles d'air, il faut la pétrir pour aligner les molécules et lui donner une souplesse homogène. Prélevez de l'argile avec un fil à couper plutôt qu'avec les mains, pour ne pas emprisonner de l'air dans l'argile, puis refermez le sac afin d'éviter que l'argile qui adhère aux parois ne sèche et ne contamine l'argile fraîche. L'argile fraîche doit toujours être conservée dans un récipient étanche, car elle sèche à l'air, même exposée un bref instant.

LES ARGILES À UTILISER POUR VOS PROJETS

Les diverses argiles ont des températures de cuisson différentes, tant pour le biscuitage que pour l'émaillage. Informez-vous auprès de votre fournisseur pour connaître les bonnes températures.

Argile commune rouge Biscuitage jusqu'à 1 000°C ; cuisson d'émaillage jusqu'à 1 120°C.

On choisit l'argile commune rouge pour sa couleur chaude et pour la confection de vaisselle plus résistante.

Argile à « raku » Biscuitage jusqu'à 1 000°C ; température maximale de 1 300°C, mais offre une bonne résistance à des températures inférieures.

L'argile à « raku » possède un fort pourcentage de chamotte grossière, ce qui lui donne une bonne résistance aux chocs thermiques.

Argile à grès beige Biscuitage jusqu'à 1 000°C ; température maximale de 1 280°C.

Une argile à très faible teneur en chamotte, qui convient à la fois pour le travail à la main ou au tour. L'argile à grès crue peut être grise, ou même noire, en fonction des matières végétales qu'elle contient et qui brûlent à la cuisson. Une fois cuite, sa couleur, généralement d'un beige chamois dans un four électrique, dépend de sa teneur en oxyde de fer.

Argile à grès blanche Biscuitage jusqu'à 1 100°C ; température maximale de 1 280°C.

Une argile qui ne contient presque pas d'oxyde de fer et qui devient blanc crème à la cuisson.

Porcelaine Biscuitage jusqu'à 1 100°C ; température maximale de 1 300°C.

La porcelaine deviendra translucide si elle est mince et cuite à la température idéale. Elle est composée de kaolin (une argile primaire qui est généralement trop grossière pour être malléable). La plupart des porcelaines sont des mélanges de kaolin avec d'autres matériaux.

L'ENGOBE

Molly Curly *Pot décoré à l'engobe par trempage, coulage et au trait.*

C'est de l'argile liquide. Dans ce livre, on a utilisé des engobes colorés pour décorer des pots avant qu'ils soient secs.

L'engobe doit avoir le même coefficient de retrait que l'argile sur laquelle il est appliqué, au risque de se craqueler durant le séchage ou la cuisson. Pour vous assurer que l'engobe et l'argile se rétractent de façon identique, fabriquez l'engobe en utilisant l'argile qui a servi pour le corps du pot. Demandez à votre fournisseur s'il peut vous procurer de l'argile en poudre, car il est beaucoup plus rapide de fabriquer de l'engobe à partir de poudre que d'argile fraîche en motte.

Cependant, si l'argile que vous utilisez est plus sombre que l'engobe voulu, vous pouvez constituer une base d'engobe blanc avec de l'argile en poudre. Une des possibilités consiste à mélanger une partie de kaolin avec une partie d'argile en motte ; faites un essai de cuisson pour vérifier que ce mélange se rétracte bien de la même façon que votre argile.

ADJONCTION DE COLORANTS À L'ENGOBE

Pour confectionner de l'engobe coloré, vous pouvez ajouter jusqu'à 5 % d'oxydes métalliques, ou jusqu'à 15 % de colorants du commerce (soit environ le double de la quantité requise pour colorer les émaux). Les pourcentages d'oxydes métalliques ou de colorants nécessaires pour obtenir les couleurs désirées dépendront de l'engobe de base, de l'émail utilisé et de la température de cuisson. Il est important de faire des essais pour obtenir de bons résultats. Les engobes colorés utilisés

Engobes bleu, vert et jaune.

dans cet ouvrage ont été obtenus en ajoutant 10 % de colorants du commerce à l'argile à grès blanche employée pour les modèles. C'est un mélange de poudre et d'eau tamisé (voir pages 16 à 19). Vous pouvez acheter des engobes prêts à l'emploi dans des récipients fermés.

QUAND APPLIQUER L'ENGOBE

Il est indispensable d'appliquer l'engobe sur les pièces avant qu'elles aient pris la consistance du cuir. L'engobe étant de l'argile liquide, il doit sécher et se rétracter en même temps que l'argile sur laquelle il est déposé. Si on l'applique sur un pot sec, il risque fort de se craqueler en séchant et en se resserrant, car le pot sec se sera déjà rétracté.

ÉPAISSEUR DE L'ENGOBE

Il faut aussi que l'engobe soit de la bonne épaisseur pour la décoration. Il doit avoir la consistance de la crème anglaise pour pouvoir être versé et pour qu'on puisse y tremper les pots, mais être plus épais pour un décor réalisé avec applicateurs. Si la couche est trop mince, la couleur du support transparaîtra, mais si elle trop épaisse, elle risque de se craqueler. La meilleure façon d'apprendre à doser l'épaisseur est de faire d'abord des essais.

Comme pour un émail, vous devrez préparer l'engobe la veille de son utilisation et le laisser reposer toute la nuit, ce qui permettra à l'eau en surplus de remonter à la surface. Veillez surtout à retirer cet excès d'eau avant de remuer l'engobe, car, comme pour les émaux, vous pourrez toujours ajouter de l'eau pour obtenir l'épaisseur voulue.

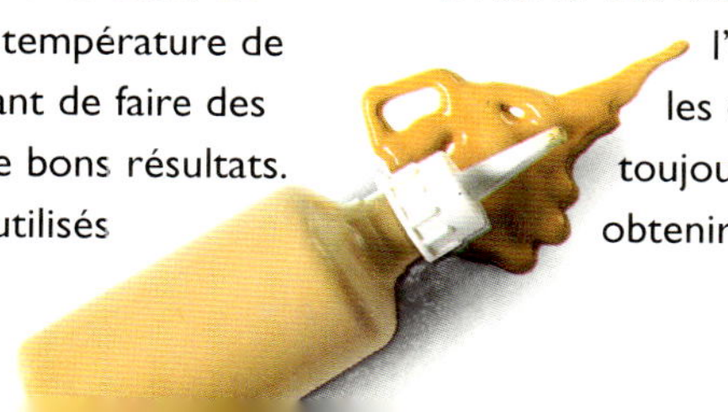

L'engobe tombant au fond du récipient, remuez-le souvent au cours de l'utilisation et agitez les applicateurs pour en mélanger le contenu.

LES APPLICATEURS D'ENGOBE

Ils doivent être conservés pleins pour éviter que l'air emprisonné ne provoque des éclaboussures intempestives lors de l'utilisation. Pour effectuer des tracés, l'engobe doit être assez épais pour ne pas couler, mais suffisamment liquide pour ne pas obstruer la buse ; il doit être bien tamisé afin de ne pas contenir de grumeaux. On trouve différents types d'applicateurs chez les détaillants, certains avec des buses dures et fines en plastique, d'autres en caoutchouc souple.

CONSERVATION DE L'ENGOBE

Il doit être conservé dans des récipients hermétiquement fermés, sinon l'eau s'évaporera et il se formera une croûte épaisse à la surface. L'intérieur de ces récipients doit être nettoyé après usage, pour éviter que des gouttes d'engobe séché sur les parois ne tombent dans le produit, provoquant des grumeaux.

LES PRINCIPALES ÉTAPES DU SÉCHAGE DE L'ARGILE

L'eau peut constituer un tiers du poids de l'argile fraîche. L'eau lubrifie les particules d'argile et leur permet de glisser les unes sur les autres : ainsi, l'argile peut s'étirer, ce qui lui donne ses qualités plastiques. L'argile séchant, la plus grande partie de l'eau s'évapore, ce qui fait rétrécir la matière (le retrait varie selon les argiles, mais se situe entre 5 % et 8 %). Même l'argile sèche contient de l'eau. Cette eau est chimiquement liée à l'argile et est éliminée pendant la cuisson, ce qui fait que l'argile se rétracte encore. Ainsi, la plupart des argiles diminuent d'environ 10 % entre l'état frais et l'état cuit. L'argile renferme de l'eau en trois endroits. Il y a l'eau chimiquement liée à l'argile et qui n'est pas éliminée avant la cuisson, l'eau qui forme une fine pellicule autour des molécules d'argile et qui leur permet de glisser les unes sur les autres (ce qui lubrifie l'argile), et l'eau qui emplit les interstices entre ces molécules.

LA CONSISTANCE DU CUIR

Quand l'argile humide est exposée à l'air, l'eau commence à s'évaporer de sa surface. L'eau restante migre à travers les interstices qui se trouvent entre les molécules pour s'évaporer. Cette migration entraîne la pellicule d'eau qui entourait les particules d'argile, ce qui les conduit à entrer en contact et à ne plus glisser les unes sur les autres. À ce stade, dit « consistance du cuir » ou « dureté du fromage », de l'eau comble encore les vides entre les molécules.

RÉGULARITÉ DU SÉCHAGE

Il faut veiller à ce que la pièce sèche de façon homogène, car la tension qui se produirait si une partie séchait plus vite que le reste pourrait entraîner des déformations et des craquelures.

Dans la mesure du possible, il faut mettre l'ouvrage à sécher tête en bas, afin d'exposer la base au séchage. C'est ainsi que les pots montés au tour

On peut conserver un travail inachevé pendant quelques jours, à condition de le mettre dans un récipient fermant hermétiquement.

devront être détachés de la girelle, dès qu'ils seront suffisamment secs pour le supporter sans se déformer. Le plateau devra être nettoyé avec une éponge et recouvert d'une feuille de plastique – vous pouvez utiliser des sacs poubelles ouverts en deux, ou l'enveloppe dans laquelle les teinturiers livrent les habits nettoyés – avant de recevoir les pots placés à l'envers. Cela évitera que les bords du pot ne sèchent trop vite.

COMMENT GARDER FRAIS UN TRAVAIL INACHEVÉ

Si vous n'avez pas terminé un pot, enfermez-le dans un sac plastique pour le mettre à l'abri de l'air. Vous pourrez l'achever le lendemain. Si vous placez un pot sur une surface absorbante, comme du bois plutôt que du plastique, celle-ci absorbera l'eau et desséchera le pot.

On peut toujours préserver un travail inachevé en le plaçant dans un récipient fermant hermétiquement, comme ceux destinés à la conservation des aliments. Si votre poterie est volumineuse, vous pouvez l'enfermer dans un sac en plastique ; toutefois, méfiez-vous des plastiques modernes qui « respirent » et laisseront donc l'argile se dessécher.

SÉCHAGE FINAL

Lorsque l'argile sèche au-delà de la consistance du cuir, elle prend une couleur plus claire, d'abord sur les côtés exposés, puis sur toute la surface. L'eau s'évapore par les interstices se trouvant entre les molécules d'argile, ce qui rend l'argile très fragile. Généralement, tout raccord effectué sur de l'argile qui aura, même de peu, dépassé ce stade de la consistance du cuir, risquera de se briser.

Le séchage des pots terminés doit se faire lentement et régulièrement. Pour obtenir un séchage plus régulier, on peut disposer des films en matière plastique sur le sommet ou sur les endroits les plus fins et les plus exposés ; on peut aussi couvrir entièrement une pièce de papier journal pour l'abriter des courants d'air qui pourraient affecter le séchage.

Lorsque l'argile est bien sèche, elle n'est plus froide au toucher. En portant l'objet à votre joue, vous pourrez sentir, à la fraîcheur de sa surface, s'il subsiste des traces d'humidité. Le temps de séchage dépend du type d'argile utilisé, de l'épaisseur de la pièce, et de la température et de l'humidité ambiantes.

Lorsque l'argile est complètement sèche, elle est prête pour le biscuitage.

Monika Debus
Vaisselle façonnée à la main, décorée à l'engobe coloré et recouverte d'un émail transparent.

LES ÉMAUX

Colorants sous émail, en forme de crayons.

Peter Lane
« Mountain Skies Vessel », porcelaine montée au tour, décorée à l'aérographe, non émaillée.

Il existe une infinie variété d'émaux qui peuvent être fabriqués et développés en vue d'obtenir une vaste gamme de coloris, textures et aspects. Mais ce livre ne traite que de l'utilisation d'émaux prêts à l'emploi – l'art de les préparer, de les appliquer sur une poterie et d'y ajouter des colorants ou des oxydes colorés. Votre fournisseur vous proposera un vaste choix d'émaux fiables, prêts à l'emploi. Pour nos modèles, nous avons utilisé trois émaux : un émail transparent pour argile commune cuisant à une température comprise entre 1 060°C et 1 160°C ; un émail transparent pour grès cérame, cuisant à une température comprise entre 1 240°C et 1 300°C ; enfin, pour le vase des pages 42 à 45, un émail à très basse température « raku », cuisant à 950°C. On s'en est servi à la fois comme émail transparent et comme émail de base, auxquels on a ajouté d'autres minéraux pour leur donner une couleur ou de l'opacité. Tous ont cuit dans un four électrique et ont donc été oxydés.

QU'EST-CE QUE L'ÉMAIL ?

L'émail est essentiellement composé de silice (principal composant), d'alumine (nécessaire pour épaissir l'émail et l'empêcher de couler le long des parois pendant la cuisson) et du fondant (qui abaisse le point de fusion de la silice).

On trouve silice, alumine et fondant dans différents minerais rocheux que l'on réduit en poudre fine. Par exemple, la même roche volcanique qui se décompose pour donner l'argile fournit aussi du feldspath, qui est un composant commun de l'émail pour grès cérame. Ces broyats sont mélangés dans des proportions qui fondront à la température voulue selon l'argile utilisée. On peut y ajouter d'autres matériaux pour modifier la texture ou la couleur de l'émail, ou le rendre plus opaque.

L'émail, utilisé depuis des millénaires, sert à transformer une surface poreuse en une surface imperméable, ce qui est particulièrement important pour la vaisselle qui est ainsi plus hygiénique (voir l'avertissement de la page 18). On peut choisir de ne pas émailler les surfaces qui ne sont pas susceptibles d'être en contact avec des aliments ou boissons et les cuire à la température idéale, de façon à révéler les qualités de l'argile utilisée.

LES COLORANTS SOUS ÉMAIL

On les trouve sous différentes formes et notamment en poudre, sous forme de craies ou de crayons, ou en tubes, prêts à être mélangés à de l'eau. On peut les appliquer sur de l'argile fraîche, à la consistance du cuir, ou sur du biscuit. On peut mélanger certaines couleurs, mais, comme avec tous les colorants pour céramiques, il faut faire des essais, car les oxydes métalliques dont ils sont faits ont des réactions plus imprévisibles que les colorants chimiques. Les colorants sous émail qui supportent d'être cuits jusqu'à 1 300°C sans brûler peuvent être utilisés sur l'argile commune et l'argile à grès.

La couche de colorant sous émail ne doit pas être trop épaisse sous peine de voir l'émail faire des bulles à la cuisson. En ajoutant une petite quantité de gomme arabique liquide aux colorants sous émail, on peut manipuler le pot sans laisser de traces de doigts (voir Produits toxiques, page 18).

LES TEINTURES SUR ÉMAIL

Ce sont des colorants qui fondent à une température plus basse que les émaux. Ceux que nous avons appliqués sur la brillante surface émaillée du beurrier (pages 70-72) ont été cuits à 780°C. On s'en sert sur des objets finis, émaillés au four. La texture des teintures cuites est affectée par la nature de l'émail ; s'il est brillant, la teinture sera claire et luisante ; si la surface n'est pas émaillée, ou est garnie d'un émail mat, la couleur sera terne.

Vous pouvez acheter des pots ou des carreaux, dits « faïences blanches », prêts à être décorés, mais il faut d'abord les cuire à 1 000°C pour éliminer toute trace d'humidité. Dans le cas contraire, la cuisson de la teinture pourrait laisser la surface piquetée et abîmée.

Les teintures sont à base d'eau ou d'huile. Selon les cas, vous les diluerez donc avec de l'eau ou un diluant spécial. Demandez conseil à votre fournisseur. Le bleu et le jaune utilisés dans ce livre sont à l'eau, le doré est à l'huile. Les teintures colorées ou dorées ont été cuites à 780°C (voir Produits toxiques, page 18).

Colorants sous émail en poudre mélangée avec de l'eau.

MÉLANGER DES ÉMAUX À DES OXYDES MÉTALLIQUES OU À DES COLORANTS

Chaque sorte d'émail peut prendre une couleur différente lorsqu'on la mélange avec un colorant et qu'on la cuit.

L'épaisseur de l'émail affecte également la couleur, de même que l'argile utilisée et le type de cuisson au four (voir page 22). La seule façon de savoir quels seront l'aspect de la surface et sa teinte exacte est de faire des essais de différentes épaisseurs sur plusieurs morceaux de l'argile que vous utilisez – après biscuitage, à la même température que le travail définitif. Mais il faut savoir que, même après avoir fait de nombreux essais, la plupart des artisans ne sont jamais tout à fait certains de ce que donnera un émail sur une œuvre achevée tant qu'ils ne l'ont pas sortie du four, ce qui peut être à la fois grisant et frustrant. Si vous utilisez des colorants sous émail ou des engobes, vous devrez bien évidemment faire aussi des essais.

En général, pour vos premiers tests, vous pouvez vous inspirer de ce qui suit.

COLORANTS POUR ÉMAIL PRÊTS À L'EMPLOI

Un dosage compris entre 2 % et 10 % couvrira une gamme de couleurs allant du très clair au foncé. Attention, un dosage supérieur à 10 % peut provoquer des bulles dans l'émail.

Oxyde de fer De 1 % à 10 % : teinte allant du beige et crème jusqu'au marron ou noir dans un four électrique.

Oxyde de cuivre De 0,5 % à 3 % : bleu turquoise avec un émail alcalin sur de l'argile commune, et vert avec d'autres émaux, dans un four électrique.

Oxyde de cobalt De 0,25 % à 2 % : teinte allant du bleu clair au bleu marine.

Rutile (bioxyde de titane) De 5 % à 15 % : du beige et jaune moutarde au brun marbré, dans un four électrique.

Oxyde d'étain Jusqu'à 10 % pour avoir des émaux blancs opaques. Les colorants prêts à l'emploi et les oxydes peuvent être mélangés dans un même émail ; n'ajoutez pas trop de colorant, car cela peut faire couler l'émail sur les plaques du four durant la cuisson, ou produire une surface noire, sèche, craquelée.

CONSEIL PRATIQUE

Biscuitez des petites tablettes d'argile et faites cuire vos tessons d'essai dessus, de sorte que, si l'émail se mettait à couler, ce serait sur les tablettes et non sur vos plaques d'enfournement.

COMMENT PRÉPARER L'ÉMAIL

Les détaillants proposent des émaux prêts à l'emploi dans une large gamme de couleurs et de textures. Vous pouvez vous les procurer déjà dissous, ou à l'état de poudre. Si vous les achetez en poudre, suivez les étapes 2 et 5 pour les préparer. Vous pouvez aussi ajouter des colorants aux émaux prêts à l'emploi.

Après avoir préparé l'émail, n'oubliez pas de coller sur le contenant une étiquette sur laquelle vous aurez inscrit, au crayon indélébile, ses composants et sa température de cuisson. La plupart des émaux liquides se ressemblent et vous pouvez oublier rapidement ce que contiennent vos récipients. Vous pouvez aussi y joindre un tesson d'essai, à titre de référence. Prenez toujours des notes précises sur vos essais. Nombreux sont les potiers qui possèdent un cahier des émaux, sur lequel ils inscrivent tous leurs émaux et les variantes qu'ils ont essayées. Ces notes vous seront extrêmement utiles pour vos futures recherches, surtout si vous mentionnez également les résultats de vos essais.

MATÉRIAUX

Pièces ayant la consistance du cuir pour essayer les engobes

Tessons d'essai biscuités pour essayer les émaux

Émail en poudre prêt à l'emploi

Colorants prêts à l'emploi pour l'émail, ou oxydes métalliques

OUTILS

Brosse dure pour passer le liquide à travers le tamis

Baguettes pour poser le tamis sur le récipient

Étiquettes adhésives et crayon indélébile pour identifier tous les récipients

ÉQUIPEMENT

Masque facial avec filtre à poussières

Gants en caoutchouc

Balance de précision

Récipient en plastique pour les mélanges

Récipient en plastique avec couvercle pour stocker l'émail

Tamis à mailles de 80 pour l'engobe

Tamis à mailles de 120 pour l'émail

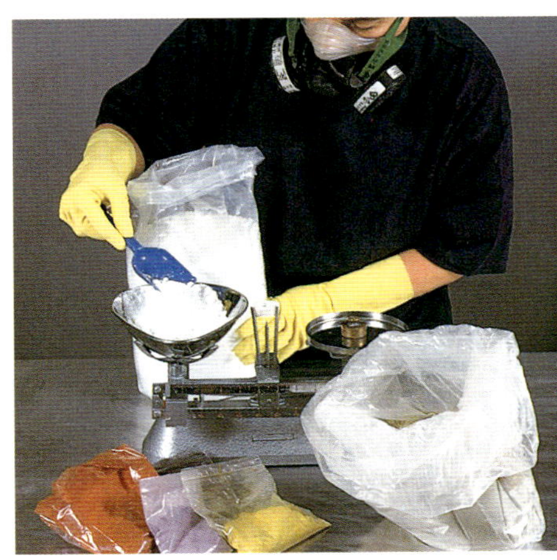

1 **Le mélange des colorants** Pour colorer un émail en poudre transparent, vous pouvez le mélanger avec des oxydes métalliques ou des colorants du commerce. Portez un masque facial muni d'un filtre à poussières et des gants en caoutchouc. Pesez soigneusement l'émail en poudre. Ici, on pèse 100 g de produit.

2 Puis on verse cette poudre dans un récipient contenant environ 250 ml d'eau du robinet. Évitez de faire l'inverse – c'est-à-dire de verser l'eau directement sur la poudre – car vous accroîtriez le risque de former des grumeaux. On emploie davantage d'eau qu'il n'est nécessaire à l'onctuosité requise, car cela facilite le mélange et le passage au tamis.

3 Pour faire de l'émail jaune, on ajoute 10 % de colorant jaune prêt à l'emploi – 10 % de 100 g d'émail font 10 g. On pèse donc cette quantité de colorant. Puis on l'ajoute à l'émail liquide et on remue le tout.

4 **Le tamisage de l'émail**
Le mélange d'émail jaune doit maintenant être passé au tamis à mailles de 120 pour vérifier que tous les ingrédients sont bien mélangés et qu'il ne reste aucun corps étranger. Les tamis de cuisine ordinaires ne sont pas assez fins. Vous devrez vous procurer un tamis, ou sa grille, chez un détaillant en produits pour céramiques. Il existe des tamis plus grands pour les grosses quantités de produit.

AVERTISSEMENT

Les dangers de la poussière

Toute poussière d'argile ou d'émail est dangereuse si on l'inhale. Lorsque vous manipulez des poudres d'argile ou d'émail, vous devez donc toujours porter un masque facial de protection avec les filtres adaptés (disponible chez les revendeurs de produits pour céramiques). Une fois le travail fini, nettoyez soigneusement les surfaces avec une éponge humide, et préférez l'aspirateur, ou la serpillière, au balai ou à la brosse.

Produits toxiques

Beaucoup de composants de l'émail cru (dont les oxydes métalliques, les carbonates, les colorants sous émail prêts à l'emploi utilisés pour la coloration et l'opacification, ainsi que les teintures sur émail) sont toxiques si vous les ingérez ; il est donc plus prudent, dans le doute, de tous les considérer comme toxiques. N'avalez et n'inhalez jamais la moindre particule de ces produits. Certains composants de l'émail peuvent être assimilés par la peau. D'autres, comme les matières alcalines, sont irritants pour la peau. Il est par conséquent indispensable de porter des gants de protection en caoutchouc lorsque vous les manipulez, et de faire très attention à vos yeux. Gardez toujours ces produits hors de la portée des enfants. Informez-vous auprès de votre fournisseur sur les produits que vous lui achetez.

Surfaces en contact avec des aliments

Certains composants de l'émail, toxiques à l'état brut, peuvent rester solubles, et donc toxiques, après cuisson. Ces émaux ne conviennent donc pas à des récipients devant contenir des aliments ou des boissons. Vérifiez à ce propos les étiquettes des émaux que vous achetez. Ainsi, la fritte de plomb (voir Glossaire) est l'un des composants communs de l'émail pour faïence. Cet émail peut être considéré comme sain pour les aliments, sans rejet de plomb. Mais, si l'émail contenant de la fritte de plomb a été mal préparé ou mal cuit, ou s'il contient certaines substances ajoutées, comme du cuivre, il ne pourra plus être mis en contact avec des aliments, car le plomb contenu dans l'émail deviendra plus soluble. Outre le plomb, d'autres ingrédients – baryum, cadmium, lithium, strontium et zinc – peuvent rester solubles, même dans un émail cuit, ce qui les rend impropres à être en contact avec des aliments ou des boissons.

Les teintures sur émail

Bien que les teintures sur émail utilisées pour le beurrier de la page 70 soient sans plomb, elles ne doivent pas être appliquées sur n'importe quelle surface destinée à être en contact avec des aliments ou des boissons. Ces teintures ne sont cuites qu'à 780°C, ce qui est insuffisant pour qu'elles fondent et s'incorporent à la couche d'émail. Elles peuvent donc se séparer assez facilement de leur support, ce qui les rend impropres au contact avec des aliments (sauf avis contraire de votre fournisseur). Mais vous pouvez décorer sans danger l'extérieur d'un récipient, comme on l'a fait pour le beurrier.

Le choix des émaux et des matériaux de décoration

Les émaux prêts à l'emploi, les colorants sous émail et les teintures sur émail utilisés dans ce livre sont exempts de plomb, baryum, lithium, strontium, zinc et cadmium. Ils ne contiennent aucune substance potentiellement soluble et toxique, et peuvent donc être utilisés pour donner un fini à la vaisselle. Lorsque vous choisirez votre émail, vos colorants sous émail et teintures sur émail, demandez à votre fournisseur qu'il vous délivre des produits sans plomb, cadmium, lithium, baryum, strontium, ni zinc. Si vous avez le moindre doute sur un composant d'émail ou de colorant, vous devrez vous renseigner pour obtenir toutes les garanties.

5 Les essais d'émail

Une fois que vous aurez préparé vos émaux, vous devrez les laisser reposer 24 heures. Les particules d'émail, plus lourdes, se déposeront au fond, laissant une couche d'eau en surface. Éliminez cette eau en la versant délicatement dans un autre récipient, ou en utilisant un pichet ou une éponge, mais ne la jetez pas. Enfilez alors des gants en caoutchouc et remuez le mélange à la main, pour vérifier qu'il n'y a pas de grumeaux. Reversez un peu de l'eau récupérée jusqu'à ce que l'émail ait la consistance voulue (généralement un peu plus épais que du lait pour de l'émail transparent, et de la consistance de la crème anglaise pour émailler du grès). Après avoir bien remué l'émail, trempez-y vos tessons d'essai préalablement biscuités, pendant deux secondes, puis sortez-les et maintenez-les au-dessus du récipient contenant l'émail pour les laisser égoutter. Une fois la surface sèche, retrempez les 2/3 du tesson et laissez-le encore égoutter. Puis répétez cette opération sur 1/3 du tesson pour avoir une idée du rendu de l'émail lorsqu'il est appliqué en couches fine, moyenne et épaisse. Essuyez soigneusement la base du tesson et faites-le cuire sur un carreau en biscuit, pour protéger vos tablettes contre les éventuelles gouttes ou coulures d'émail. Vous pouvez aussi appliquer l'émail au pinceau.

Note : ces cinq étapes peuvent être adaptées à la confection de l'engobe ou de la barbotine, à la seule différence que vous utiliserez un tamis à mailles de 80 ; le mélange devra être de la consistance de la crème anglaise, ou plus épais pour le dessin au trait.

Tessons d'essai divers.

LES TESSONS D'ESSAI

Il est indispensable de faire des tessons d'essai avec tous les engobes colorés et tous les colorants sous émail que vous avez l'intention d'utiliser pour vos modèles, afin de voir comment ils réagissent. Ces tessons d'essai ne sont pas obligatoirement des carrés plats. Les émaux destinés aux surfaces verticales doivent être testés sur des surfaces verticales, car certains peuvent avoir tendance à couler. Les tessons d'essai illustrés ci-dessus ont été obtenus en modelant en forme de « A » des plaques d'argile ayant la consistance du cuir. Leur surface est marquée d'entailles profondes pour voir comment l'émail se comporte sur des arêtes vives et dans des creux. À l'arrière, on a pratiqué un trou pour pouvoir les attacher, soit sur un panneau mural, soit au récipient contenant l'émail, en guise de référence. Vous pouvez également leur donner la forme de petits tuyaux, ce qui peut aussi s'avérer très pratique pour les attacher.

CONSEIL PRATIQUE

Si l'émail s'est déposé en une motte difficile à dissoudre, quelques gouttes d'une solution de chlorure de calcium l'aideront à se maintenir en suspension. Vous pouvez aussi ajouter une cuillère à café de poudre de bentonite à l'émail en poudre, avant de le verser dans l'eau. La bentonite et le chlorure de calcium empêcheront l'émail de se déposer et de former une boule. Avant de verser la poudre dans l'eau, veillez à bien mélanger la bentonite à l'émail, sous peine d'obtenir une préparation visqueuse. Une fois l'émaillage fini, essuyez soigneusement les parois internes du récipient contenant l'émail avant de le reboucher. Il faut éviter que les éclaboussures qui adhèrent aux parois ne sèchent et ne tombent dans le mélange, où elles risquent de former des grumeaux.

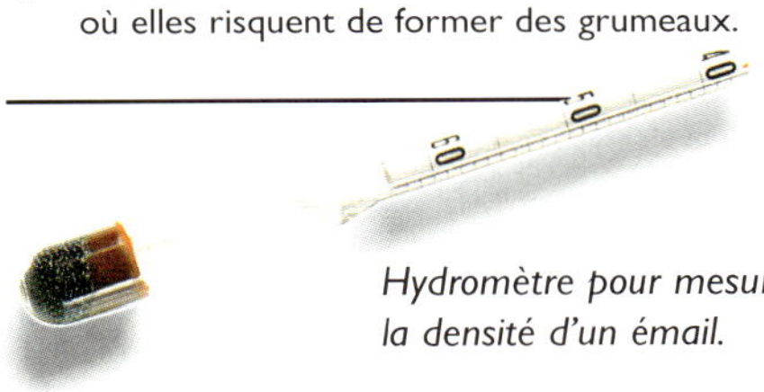

Hydromètre pour mesurer la densité d'un émail.

CALCULER LE POIDS D'EXTRAITS SECS D'UN ÉMAIL OU D'UN ENGOBE LIQUIDES

Si vous utilisez un émail ou un engobe liquides, et non en poudre, il vous faudra calculer le poids d'extraits secs, car les pourcentages donnés pour les colorants ne valent que pour des quantités en poudre. Pour ce faire, prenez une mesure d'engobe, ou d'émail, bien remué et pesez-la. Puis prenez une mesure identique d'eau et pesez-la également. La mesure d'engobe ou d'émail sera plus lourde que celle de l'eau. La différence entre les deux vous donnera le poids d'extraits secs et vous pourrez ensuite calculer les pourcentages.

Prenons un exemple : si un verre rempli à ras bords d'engobe liquide pèse 260 grammes et que le même verre rempli à ras bords d'eau pèse 140 grammes, le poids d'extraits secs sera de 120 grammes. Dix pour cent de cette quantité feront donc 12 grammes ; cinq pour cent feront 6 grammes, etc.

LE PLÂTRE

Steve Mattison *« Sky Series », argile colorée moulée, cuite en « raku ».*

Le travail du plâtre peut être salissant, mais il est essentiel qu'aucune particule de plâtre ne vienne contaminer votre argile ou votre émail. Une fois que vous aurez confectionné votre moule, il vous faudra donc impérativement nettoyer à fond toutes les surfaces, surtout si vous utilisez le même espace pour le travail de l'argile.

L'argile que vous emploierez pour la fabrication des moules doit être conservée dans un récipient hermétiquement clos et pourra être réutilisée pour le travail du plâtre, mais jamais pour la poterie. En effet, sachez que la moindre particule de plâtre, fût-elle minuscule, peut mettre en péril votre travail, car le plâtre explosera lors de la cuisson, engendrant ainsi de petits cratères à la surface du pot.

Le plâtre peut boucher les tuyaux d'évacuation. Vous devrez donc laver tous les récipients dans un grand baquet d'eau (une vieille baignoire pour bébé fera parfaitement l'affaire) et non pas directement dans l'évier. Laissez l'eau du baquet reposer, puis versez l'eau propre de la surface dans l'évier (éventuellement à travers un gros tamis pour arrêter les grumeaux qui pourraient passer dans le siphon). Puis vous pourrez récupérer et jeter le plâtre qui s'est déposé au fond. Contrairement à l'argile, le plâtre qui a pris ne peut plus être réutilisé.

Une fois que l'on y a ajouté de l'eau, le plâtre ne met que quelques minutes à prendre ; aussi faut-il que tout soit prêt avant le gâchage. Il est préférable de confectionner un moule avec une seule gâchée de plâtre. Cependant, si vous devez refaire une deuxième gâchée, griffez la surface supérieure du moule en traçant des lignes croisées avec un outil pointu, puis versez dessus votre deuxième gâchée de plâtre. Ne laissez pas plus de quelques heures entre les deux gâchées pour assurer une bonne cohésion de l'ensemble.

Lorsque le plâtre commence à prendre, il se produit une réaction chimique qui dégage de la chaleur. En posant vos mains sur le moule, vous le sentirez chauffer, avec des pointes importantes. Attendez qu'il ait refroidi (il sera alors plus solide) pour le dégager de son cadre et pour ébarber les arêtes.

AVERTISSEMENT

Vous devez porter des gants de caoutchouc lorsque vous travaillez le plâtre, pour ne pas risquer de vous abîmer les mains à son contact, et ce, même si vous n'avez pas la peau particulièrement fragile. Il vous faudra également porter un masque équipé d'un filtre à poussières lorsque vous manipulerez le plâtre en poudre.

1 **Le gâchage du plâtre**
Utilisez de l'eau froide, car l'eau tiède fera prendre le plâtre plus rapidement. Mesurez la quantité d'eau dont vous avez besoin. Ici, nous avons mesuré 580 ml d'eau pour 780 g de plâtre. Si on met plus d'eau, le plâtre sec sera plus poreux et absorbant, mais aussi plus tendre et plus fragile. En mettant moins d'eau, on obtient un plâtre plus dur, mais surtout beaucoup moins absorbant.

2 Pesez la quantité de plâtre nécessaire pour votre moule. Le plâtre doit toujours être neuf et stocké à l'abri de l'air, soit dans un récipient fermant hermétiquement, soit dans un sac plastique, car il absorbe l'humidité de l'atmosphère. Or, le vieux plâtre humidifié sera grumeleux au gâchage et prendra plus rapidement – parfois en quelques secondes, après l'addition de l'eau.

3 Saupoudrez le plâtre au-dessus de l'eau assez rapidement, mais évitez de jeter de pleines poignées, ce qui pourrait créer des grumeaux. Le fait de tamiser le plâtre au travers d'un tamis de cuisine ordinaire (qui ne devra plus être réutilisé en cuisine) aide à la dispersion des particules dans l'eau et évite la formation de grumeaux.

4 Laissez le plâtre reposer une minute. Cette attente permet au plâtre d'absorber l'eau régulièrement. Si vous commencez à le mélanger trop tôt, il se formera des poches de plâtre qui resteront sèches et donneront des grumeaux.

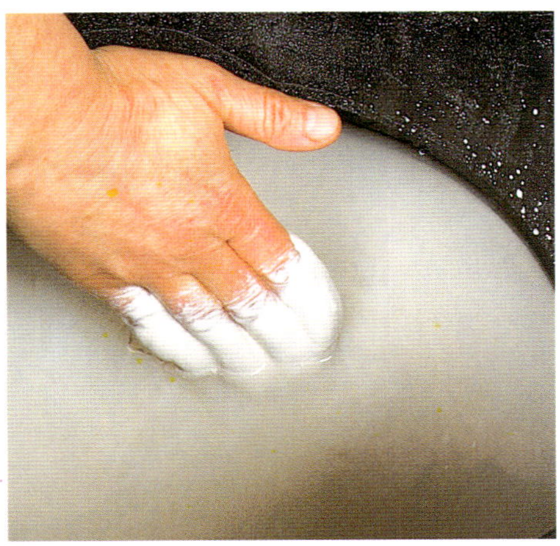

5 Au bout de ce temps de repos, plongez une main jusqu'au fond du récipient. En gardant le bras aussi immobile que possible, remuez les doigts pour mélanger le plâtre et briser les éventuels grumeaux. Moins vous bougerez votre bras et moins il se formera de bulles d'air dans le mélange. Ce brassage ne doit durer que quelques instants.

6 Vous devez à présent agiter le récipient qui contient le plâtre, afin de faire remonter les bulles d'air à la surface. Cette action va créer une mousse superficielle qu'il faudra éliminer. Nous vous conseillons de préparer à l'avance une boîte en carton dans laquelle vous aurez disposé un sac poubelle ; cela vous permettra de ne pas perdre de temps alors que le plâtre commence à prendre. Dès que la consistance du plâtre passe de celle du lait à celle de la crème, il est prêt à être versé dans le moule. Le plâtre restant doit être jeté dans le sac poubelle et le récipient aussitôt nettoyé (mais pas directement dans l'évier, au risque de boucher les tuyaux d'évacuation ; voir page ci-contre). Il est très important d'ôter toute trace de plâtre du récipient, car la moindre particule restant collée aux parois ferait prendre la gâchée suivante beaucoup plus rapidement et ne vous laisserait peut-être pas le temps de la verser dans le moule.

LES FOURS ET LA CUISSON

Alan Caiger-Smith
Pichet avec réduction de cuivre.

Il existe une grande variété de fours. Ils peuvent fonctionner avec diverses sources d'énergie, dont le gaz (naturel ou propane), l'électricité, le mazout (y compris l'huile de vidange des automobiles), le bois et le charbon.

Il existe aussi nombre de systèmes de contrôle différents ; il vous faudra par conséquent suivre scrupuleusement les instructions du fabricant.

Tous les fours devraient posséder une plaque d'enfournement reposant sur la base du four, où déposer une première rangée de pots. Son rôle est de protéger la base en brique du four.

OXYDATION ET RÉDUCTION

Pendant la cuisson, à l'intérieur du four, l'atmosphère peut être considérée comme **oxydante**, ce qui signifie que le four contient une grande quantité d'oxygène, ou **réductrice**, ce qui veut dire que la combustion a consommé l'oxygène disponible et a créé une atmosphère dans laquelle les oxydes peuvent être réduits à leur métal de base. La combustion du mazout a besoin d'oxygène pour se produire. Ainsi, l'oxygène contenu dans les oxydes métalliques peut se dégager, ce qui change leur couleur. Par exemple, l'oxyde de cuivre contenu dans un émail peut se transformer en cuivre lors d'une cuisson réductrice, l'oxygène se dégageant dans l'atmosphère et transformant le cuivre qui passera du vert au rouge. Seuls les fours qui consomment du mazout engendrent une atmosphère réductrice, jamais les fours électriques. Ces derniers donnent donc toujours une cuisson oxydante.

LE CHOIX D'UN FOUR

Les fours électriques sont souvent plus faciles à mettre en œuvre que les fours à mazout ; ce sont donc de bons fours pour les débutants. Il existe différentes tailles : vous trouverez des fours assez grands pour qu'une personne puisse y entrer et des plus petits que l'on peut facilement porter. Un four cubique de 30 cm de côté (dimensions intérieures) possède en outre l'avantage de pouvoir se contenter d'une prise de 16 ampères. Des fours plus grands demanderont parfois une alimentation électrique plus importante que l'installation domestique habituelle et se révéleront plus chers à mettre en place. Faites toujours installer votre four par un électricien qualifié.

Dans les petites annonces des magazines spécialisés, vous trouverez de nombreux fours électriques de seconde main. Méfiez-vous tout de même des fours trop anciens, souvent mal isolés et constitués de briques lourdes qui mettent plus longtemps à chauffer et consomment beaucoup plus d'énergie qu'un four moderne, bien isolé et fait de briques légères. L'économie réalisée en achetant un four ancien peut rapidement partir en factures d'électricité. Si vous êtes novice, vous avez tout intérêt à acheter un four neuf : le fournisseur vous donnera tous les renseignements requis et pourra s'assurer que l'installation a été correctement effectuée.

Il existe deux grands types de fours électriques : ceux dont la porte se situe sur le côté, comme un réfrigérateur, et ceux qui s'ouvrent par le dessus, comme les congélateurs-coffres. Tous possèdent un œilleton sur le côté et un trou sur le dessus, munis d'un obturateur adapté.

LE BISCUITAGE

Aussi appelé « cuisson de petit feu », le biscuitage est pratiqué par la plupart des potiers. Le pot est ainsi plus facile à manipuler lors de l'émaillage. Le biscuitage permet également d'éviter les problèmes techniques qui se posent fréquemment avec l'émaillage à cru – effectué alors que les pots ont la consistance du cuir et sont cuits en une seule fois, à la température d'émaillage. Le biscuitage transforme l'argile en céramique poreuse. Grâce à cette porosité, on peut tremper le pot dans l'émail liquide, ce qui laisse une mince pellicule d'émail en poudre à la surface.

Chaque sorte d'argile possède sa température de biscuitage ; vous devrez donc demander à votre fournisseur quelle est la température optimale de biscuitage pour une argile donnée. Lorsque vous enfournez des pots pour le biscuitage (ils doivent être complètement secs), vous pouvez les serrer et les faire se toucher, mais les pots et les plaques doivent se trouver au minimum éloignés de 3 cm des parois du four et des éléments électriques.

LA CUISSON DE L'ÉMAIL

Cette cuisson porte la poterie à la température à laquelle la surface d'émail pulvérulent fond pour former une couche d'émail brillant imperméable. Cette température dépend de l'argile dont sont faits les pots. On émaille l'argile commune à une température comprise entre 1 080°C et 1 150°C, et l'argile à grès à une température comprise entre 1 200°C et 1 350°C.

Lorsque vous enfournez des pots pour l'émaillage, vous devez veiller à ce qu'il n'y ait aucun point de contact entre eux, ni avec les parois du four, car l'émail, en fondant, les collerait. Les pots doivent se trouver au moins à 3 cm des parois du four et des éléments chauffants.

QUELLE EST LA DURÉE D'UNE CUISSON ?

Lorsqu'on commence un biscuitage, on laisse l'œilleton et le trou d'évacuation supérieur ouverts pour permettre aux gaz de s'échapper pendant la première partie de la cuisson. Les grosses pièces épaisses doivent être cuites lentement, à une température n'augmentant pas de plus de 50°C par heure, jusqu'à 700°C, lorsque la glaise devient rouge sombre. Vous pouvez ensuite obturer l'œilleton et le trou d'évacuation, et pousser le four à pleine puissance jusqu'à ce qu'il atteigne la température maximale voulue.

Le biscuitage de pièces plus fines peut se faire en augmentant la température de 100°C par heure, jusqu'à 700°C ; puis, après avoir obturé les trous d'aération, vous pourrez pousser le four à pleine puissance jusqu'à la température désirée.

John Pollex *Assiette ; argile de couleur chamois, engobée à la brosse et à l'éponge, émail transparent.*

L'émaillage doit aussi commencer avec l'œilleton et le trou d'évacuation ouverts. Comme pour le biscuitage, on les ferme lorsque la température a atteint 700°C. Si les pots sont assez fins et ont été correctement biscuités, vous pourrez sans danger les émailler légèrement plus vite : vous augmenterez, par exemple, la température de 125°C par heure jusqu'à 700°C, puis mettrez toute la puissance pour obtenir la température voulue. Sachez que certains émaux gagnent à être maintenus à la température maximale pendant un certain temps (habituellement entre vingt minutes et une heure), ce qui empêche la formation de trous d'épingle à la surface de l'émail. Évitez cependant de trop cuire l'émail, qui pourrait alors couler, voire abîmer vos pots et votre four.

CONSEIL PRATIQUE

Si certaines parties de vos pots ont éclaté pendant la cuisson, cela peut être dû au fait que les pots n'étaient pas secs – de la vapeur s'est alors formée à l'intérieur de l'argile et a fait exploser la couche superficielle – ou au fait que vous avez augmenté la température du four trop rapidement. Il se peut aussi que l'épaisseur de l'argile soit trop importante.

LE TEMPS DE REFROIDISSEMENT

Les pièces biscuitées et émaillées doivent être refroidies jusqu'à 50°C avant l'ouverture du four et le défournage. À cette température, le four semble froid au toucher et les pots peuvent être saisis à mains nues. Si vous ouvrez le four alors qu'il est encore chaud, les pots risquent de se casser et d'endommager le four ; il est donc fortement conseillé de résister à la tentation de regarder à l'intérieur !

PRENDRE DES NOTES

Inscrivez les détails de la mise en œuvre de votre four, le moment et la façon dont vous avez modifié les contrôles, les températures atteintes, la forme des montres fusibles (voir page 26) et le résultat général de la cuisson. Ce carnet de bord de votre four sera un guide inestimable pour des cuissons réussies.

L'ENFOURNEMENT

Pour bien remplir l'espace disponible et proposer plusieurs niveaux de stockage, on vend des plaques d'enfournement et des piliers pour les soutenir. Ces plaques et ces piliers sont faits d'un matériau extrêmement réfractaire, la cordiérite, qui garde sa forme, y compris à la température de cuisson de l'argile à grès. Pour protéger vos plaques de four, vous pouvez les enduire d'une couche de protection. Une recette communément utilisée consiste à mélanger deux volumes d'alumine et un volume de kaolin avec de l'eau. Une fine couche de ce mélange protégera vos plaques, notamment dans le cas où de l'émail se mettrait à couler dessus, et empêchera la base des pots de coller à la plaque lors de la cuisson de l'émail. Il arrive en effet que des fragments d'argile se détachent de la base et restent collés à la plaque lorsqu'on défourne le pot après cuisson.

Les plaques de four doivent être manipulées avec précaution, car le matériau dont elles sont faites est très fragile. Un geste brutal peut les fêler et la moindre fissure, fût-elle de l'épaisseur d'un cheveu, les fera se briser lors de la cuisson suivante. Par conséquent, à chaque fois que vous remplissez le four, vérifiez soigneusement les plaques et, si l'une d'entre elles est fissurée, brisez-la en deux. Ne jetez pas ces morceaux, car ils pourront s'avérer très utiles.

AVERTISSEMENT

Les pattes de coq laissent des pointes extrêmement fines sur les pots terminés. Il convient de les araser délicatement.

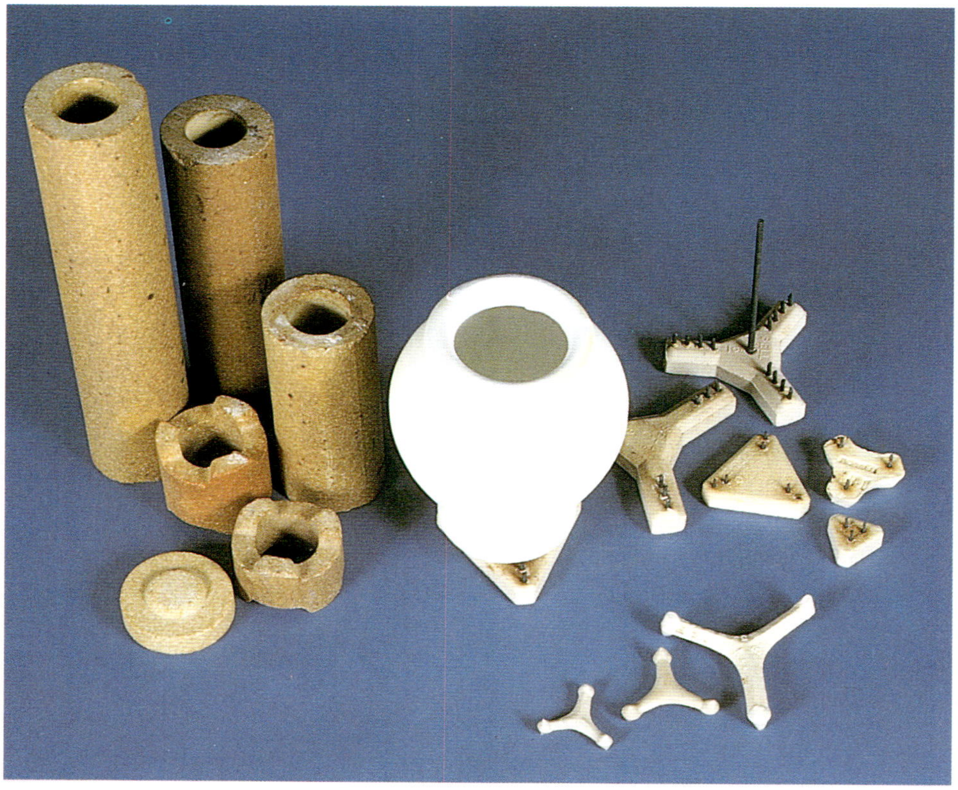

Piliers
Vous trouverez des piliers de différentes hauteurs. On peut les empiler pour obtenir un espacement entre les plaques tout juste supérieur à la hauteur des pots. Ils sont faits dans la même matière que les plaques de four. Les plaques et les piliers, qui constituent ce que l'on appelle le matériel d'enfournement, sont souvent vendus avec les fours neufs.

Pattes de coq (*à droite de la photo*)
On les utilise pour isoler la base des pots des plaques du four, ce qui permet d'émailler complètement la base des pots. Elles ne sont généralement pas assez résistantes pour supporter de hautes températures et on ne s'en sert que pour la cuisson de l'argile commune, entre 1 080°C et 1 150°C. Il y a deux grandes catégories de pattes de coq. Celles qui sont tout en céramique (*au premier plan de la photo*) ne peuvent être utilisées qu'une fois, ou jusqu'à ce que les pointes cassent. Celles que l'on voit au second plan ont une base en céramique, avec des pointes en métal hautement réfractaire. Ces pointes font une marque à la base du pot beaucoup plus petite que les pointes en céramique, et ont l'avantage d'être réutilisables. Ainsi, bien que plus chères à l'achat, elles sont plus économiques à long terme.

Le chargement

Pour le biscuitage, les pots peuvent être rangés bord contre bord. Une telle disposition ne peut être envisagée pour l'émaillage que si les bords des pots ne sont absolument pas émaillés, sinon ils seront solidement collés par l'émail fondu. Le choix de la hauteur des piliers, qui est fonction de la hauteur des pots, peut se révéler difficile, surtout dans le cas d'un four à chargement par le dessus. Pour vérifier que la hauteur est correcte, vous pouvez placer deux piliers sur une table et poser une baguette en travers. Sur l'illustration ci-dessus, il y a un espace suffisant entre le fond du pot retourné et la base du morceau de bois.

Le chargement de carreaux

Il existe une grande variété de dispositifs spéciaux. Sur l'illustration, on peut voir un système qui permet de cuire un certain nombre de carreaux industriels en même temps, ce qui économise de la place. Vous pouvez poser les carreaux faits à la main sur des pattes de coq à pointes métalliques, mais elles laisseront des marques sur la surface émaillée, qui devront être limées après la cuisson.

AVERTISSEMENT

La luminosité extrême, due à la chaleur qui règne dans le four, est dangereuse pour les yeux. Vous devez porter des lunettes de soudeur lorsque vous observez les cônes pendant la cuisson. L'obturateur de l'œilleton devenant extrêmement chaud pendant la cuisson, il vous faudra porter des gants isolants pour l'ôter afin de regarder les cônes. Ces cônes sont toxiques et ne doivent pas être ingérés – ne laissez pas ces cônes pyrométriques à la portée des enfants.

AVERTISSEMENT

Voir Santé et Sécurité, page 7. La cuisson au four peut être dangereuse. Si vous avez le moindre doute, demandez conseil avant d'agir.

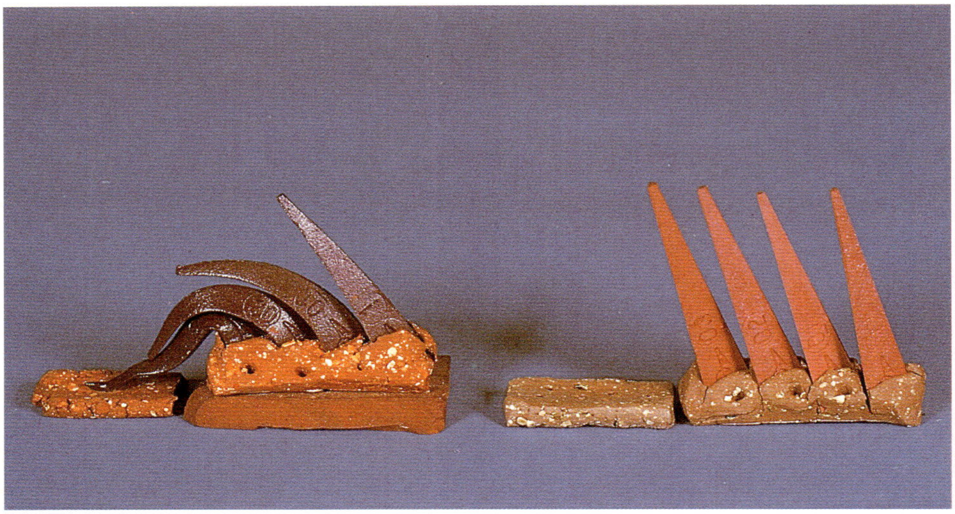

Les cônes pyrométriques ou montres fusibles

Le jeu de cônes recourbés que l'on peut voir à gauche, sur l'illustration ci-dessus, a été cuit à 1 120°C et l'on a maintenu cette température pendant 20 minutes. Quant au jeu représenté à droite de la photographie, il n'a pas encore été cuit. En posant un petit morceau d'argile à l'aplomb des cônes, vous protégerez efficacement vos plaques en empêchant les cônes fondus d'y adhérer.

Les cônes pyrométriques sont absolument indispensables pour s'assurer de l'effet de la chaleur sur les pots qui sont dans le four pendant la cuisson. Ils sont fixés dans de l'argile, suivant une inclinaison déterminée par l'angle que forme leur base. Vous les disposerez soigneusement dans le four, juste en face de l'œilleton de la porte. (Il vous faudra peut-être éclairer l'intérieur du four éteint pour vous assurer qu'ils sont bien placés et visibles de l'œilleton). Lorsque le four fonctionnera et que la température dépassera 700°C, la chaleur fera rougeoyer l'intérieur du four et vous pourrez alors facilement observer les silhouettes des cônes par l'œilleton.

Les cônes sont faits dans la même matière que l'émail et fondent à des températures différentes – c'est la raison pour laquelle ils sont numérotés. Pour un émaillage, il est conseillé d'utiliser plusieurs cônes. Celui qui doit fondre en premier doit être placé en tête de la rangée. Ce cône est dit de « garde », car, lorsqu'il commence à se courber, cela signifie que la température du four approche de son point idéal de cuisson.

CONSEIL PRATIQUE

Il arrive que des poussières granuleuses tombent de la voûte du four pendant la cuisson ; il est par conséquent judicieux de placer une plaque au-dessus de la rangée supérieure des pots pour les protéger. Les fours sont faits de matériaux très fragiles qu'il faut manipuler avec beaucoup de précaution. Il est utile de passer l'aspirateur dans votre four pour éliminer les poussières et les gravillons. Il faut tout particulièrement veiller à ne laisser aucune particule d'argile ou de poussière sur les éléments métalliques du four, car, si quelque chose venait à toucher ces éléments pendant la cuisson, ceux-ci risqueraient de fondre, ce qui exigerait leur remplacement.

Le rangement dans le four

Lorsque vous chargez votre four, utilisez trois piliers pour maintenir la plaque supérieure – trois piliers seront en effet plus stables que quatre. Il est important de s'assurer que les piliers sont bien disposés les uns au-dessus des autres dans l'empilement des plaques, car ce sont eux qui supportent tout le poids des plaques et des pots, et le transmettent à la base. Si vous placez les supports à tel endroit pour le premier étage et à un autre endroit pour le deuxième étage, la charge du dessus pèsera sur la plaque qui risquera de gauchir et de se voiler, voire de se briser sous la pression.

Sur la photographie, on a placé deux piliers dans les coins gauches et un seul au milieu du côté droit. On peut alors ajouter une plaque sur ces piliers. Pour l'étage supérieur, on suivra la même disposition, c'est-à-dire que l'on placera deux piliers dans les coins gauches et un seul pilier au milieu du côté droit.

CONSTRUCTION D'UN FOUR À SCIURE

Bien que les pots cuits dans un four à sciure soient poreux, donc inutilisables pour des boissons ou des aliments, et sans doute extrêmement fragiles à cause de la trop basse température de cuisson, ces inconvénients peuvent être très largement compensés par le fait que cette méthode offre la possibilité de profiter de tout le cycle de la céramique sans équipement coûteux. C'est aussi l'un des meilleurs moyens d'obtenir ces riches surfaces satinées d'un noir de jais que l'on peut voir sur les pièces polies.

La température atteinte par votre four à sciure dépendra de nombreux facteurs : la taille du four, le temps qu'il fait et les trous de ventilation du couvercle. Les fours à sciure de grande taille fournissent des températures plus élevées que les petits. Au pire, votre four ne pourra atteindre que quelques centaines de degrés. (C'est insuffisant pour transformer l'argile en céramique et il faudra recuire les pots une seconde fois). Un bon four montera peut-être jusqu'à 800°C.

Si vous possédez un four capable d'atteindre 1 000°C, il sera judicieux de biscuiter vos pots avant de les cuire au four à sciure, car cela diminuera le nombre de pièces brisées pendant la cuisson, et les pièces terminées seront

À gauche : **Meri Wells**
Vases montés en colombins, cuits en « raku », présentant des plaques carbonisées par la fumée des sciures.

beaucoup moins fragiles – quoique toujours impropres à contenir des boissons ou des aliments.

Vérifiez toujours que les pièces à cuire sont complètement sèches. Cela peut prendre des jours ou des semaines, selon la température et l'humidité. Si vous ne biscuitez pas préalablement vos pots, nous vous conseillons de les préparer à la cuisson à la sciure en les préchauffant durant deux heures, à 60°C environ, dans votre four ou un four de cuisine ordinaire. Ce préchauffage éliminera toute trace d'humidité et évitera que le choc thermique ne fasse fissurer vos pots pendant la cuisson à la sciure. Mettez des gants résistant à la chaleur pour retirer les pots du four et les placer dans votre four à sciure.

MATÉRIAUX

50 briques du bâtiment et une grande plaque d'enfournement ou un récipient métallique

Un couvercle en métal

Sciure

Copeaux de bois

Papier journal

Allumettes

ÉQUIPEMENT

Gants de soudeur

Masque facial avec filtre à fumée adapté

1 Cuisson à la sciure
Préparez d'abord votre four à sciure. Disposez une épaisseur de briques pour protéger le sol de la chaleur. Pour ce four, vous pouvez utiliser des briques ordinaires du bâtiment, mais évitez les briques en ciment, car la forte chaleur risquerait de les faire éclater. Lorsque vous construisez un four, quel qu'il soit, il est indispensable de veiller à ce que sa structure soit stable et ne puisse pas être renversée facilement. Pour cela, empilez les briques de telle façon que chaque brique d'un niveau supérieur soit à cheval sur deux briques du niveau inférieur. Cette disposition est très importante, surtout dans les angles, car un simple empilement de briques les unes au-dessus des autres donne une construction instable, et donc dangereuse. Ce four comporte six briques par couche. Lorsque vous aurez monté quatre épaisseurs de briques, remplissez le four jusqu'à mi-hauteur avec de la sciure et des copeaux bien secs. Avec des gants de protection, prenez le pot préchauffé dans le four et placez-le dans la sciure.

2 On peut fabriquer un four à sciure dans un récipient en métal, comme un bidon ou bien une poubelle, sous réserve qu'il ne comporte pas de parties combustibles (poignées en plastique, peinture). Ici, on a stabilisé un seau en métal en l'entourant de briques. Lorsque vous chargez votre four, veillez à ce qu'il y ait au moins 8 cm de sciure sèche tout autour du pot. Si vous devez placer plusieurs pièces, vous pouvez intercaler un grillage entre les couches (mais seulement si ce sont de grandes pièces lourdes). Couvrez alors le pot de sciure et de copeaux. Il est important de remplir le four à ras bords avec de la sciure et des copeaux, pour éviter que l'espace restant ne fournisse trop d'oxygène, ce qui ferait s'enflammer la sciure alors qu'elle doit faire du « charbon de bois ». Mettez du papier journal chiffonné sur le tas de sciure.

3 Allumez le papier journal. Laissez flamber un moment. Mettez des gants de protection contre la chaleur (des gants de soudeur feront l'affaire) et un masque facial équipé d'un filtre de protection contre la fumée.

4 Une fois que les flammes se seront éteintes, vérifiez que la sciure est bien en train de brûler. Sinon, remettez du papier journal et mettez-y le feu. Posez un couvercle ininflammable sur le four (ici, on a placé une vieille lèchefrite sur le seau et une grande plaque d'enfournement sur le four en brique). Cela éteindra complètement les flammes et provoquera une épaisse fumée.

AVERTISSEMENT

La sciure est extrêmement combustible. Ne la laissez pas s'envoler, surtout près d'une flamme, car elle peut exploser. Il faut la stocker dans un endroit sûr. En cas de doute, demandez conseil. Un four à sciure dégage de la fumée et, éventuellement, des cendres brûlantes pendant l'allumage du papier et de la sciure. Par conséquent, ne le construisez pas en un endroit où il pourrait être dangereux pour les hommes ou les animaux, ni dans un lieu où il serait susceptible de déclencher un incendie. Par exemple, il est fortement déconseillé de bâtir un tel four dans une prairie sèche ou encore une forêt. Il doit être construit loin de tout ce qui pourrait s'enflammer ou être détérioré par la chaleur. Vous devez également vous assurer qu'il n'existe aucune interdiction de faire du feu dans votre région. Si vous avez le moindre doute, vous devez vous renseigner. Lorsque vous vous trouvez dans un lieu enfumé, portez toujours un masque facial équipé du filtre approprié. Le four à sciure devient extrêmement chaud ; vous devez par conséquent veiller à ce que les enfants, les animaux et, en règle générale, tout ce qui pourrait courir un risque soient tenus à l'écart jusqu'à ce que le four soit à nouveau froid. Il faut traiter les suies et les cendres comme il convient, afin d'éviter tout danger pour la santé et tout risque d'incendie. Attention, il peut encore y avoir des braises brûlantes sous une cendre qui, a priori, semble froide. Enfin, sachez que les pots cuits dans la sciure ne peuvent contenir ni aliments, ni boissons.

5 Ajustez le couvercle pour laisser un peu d'oxygène entrer dans le four, en tenant compte du vent (voir ci-contre, en bas). Il est important de maintenir les couvercles métalliques avec des briques pour que le vent ne les soulève pas pendant la cuisson.

6 Le temps d'une cuisson à la sciure varie ; dans un petit four, comptez environ 24 heures. S'il y a encore de la fumée, ou si les côtés sont encore chauds, la cuisson n'est pas terminée. Dès que le four aura complètement refroidi, remettez vos gants de protection, enlevez le couvercle et sortez vos pots. Frottez-les doucement pour enlever l'excès de cendres.

QUELQUES ASTUCES POUR LA CUISSON AU FOUR À SCIURE

Dans la cuisson au four à sciure, de nombreuses variables contribuent au résultat final. En voici les principales et leurs conséquences :

Les copeaux

La sciure et les copeaux doivent être bien secs pour la cuisson. Si vous n'utilisez que de la sciure fine, la combustion peut être difficile par manque d'oxygène entre les particules de sciure. Il est conseillé de la mélanger avec des copeaux bien secs, qui sont plus grossiers.

Cependant, si vous n'utilisez que des copeaux et de la sciure grossière, le mélange risque de contenir trop d'oxygène et le résultat ressemblera à une cuisson au four électrique, c'est-à-dire que vos pièces ne présenteront pas de surfaces noires carbonisées. Faites par conséquent des essais afin de déterminer quel est le meilleur mélange. On peut obtenir de très beaux effets en plaçant délibérément des copeaux d'un côté du pot, pour avoir une surface propre, et de la sciure de l'autre côté, pour obtenir une surface noire de jais, ce qui créera un contraste intéressant. De la même façon, vous pouvez fabriquer un motif en fixant autour du pot, avec du fil de fer, des formes incombustibles, par exemple en argile.

Les trous d'aération du four

La quantité d'oxygène capable d'atteindre la sciure est aussi importante que celle qui se trouve dans le mélange.

Il est indispensable que l'air circule afin d'empêcher les braises de s'éteindre. Pour ce faire, il faut laisser un petit interstice entre le couvercle et la sciure. Cependant, sachez que si l'aération est trop importante, la sciure brûlera mais ne fera pas de braises. Si vous utilisez de la tôle ondulée en guise de couvercle pour votre four, vous serez peut-être obligé de boucher certains trous avec de l'argile fraîche. Les grands fours à sciure doivent absolument être équipés d'ouvertures à la base des parois, car une plus grande quantité de sciure nécessite une plus grande quantité d'oxygène pour brûler et les trous situés à la base entraîneront une combustion jusqu'au fond du four. Dans un four en brique, vous pouvez parvenir à ce résultat en laissant un petit espace entre quelques briques ; si vous possédez des briques ajourées, n'hésitez pas à les mettre à profit. S'il y a trop d'oxygène, bouchez certains trous avec de l'argile.

Avec un four constitué d'une poubelle métallique, il peut s'avérer nécessaire de percer quelques trous d'environ 3 cm de diamètre près de la base. Vous pouvez également acheter un incinérateur spécialement adapté, possédant des trous dans les parois et une cheminée dans le couvercle, mais vous devrez boucher la plupart des trous avec de l'argile fraîche avant l'allumage.

Les conditions météorologiques

Il est préférable d'éviter d'utiliser le four à sciure par grand vent ou par temps de pluie. Une brise légère est idéale, car elle alimentera les braises en oxygène, tout en dispersant les fumées.

Vous devrez tenir compte du vent pour décider de la largeur de l'interstice à laisser entre le four et le couvercle, et du diamètre des orifices à pratiquer dans les parois (trous plus grands par temps calme, plus petits par vent léger).

De même que l'on éprouve un indubitable plaisir à caresser la peau, modeler un pot procure un réel bonheur. Le désir de toucher l'argile fraîche est presque irrésistible, sans compter l'attrait supplémentaire, que ne possède pas la peau, de garder la forme que vos doigts lui ont imprimée.

À la base, cette méthode ne requiert que vos mains et de l'argile ; c'est donc un excellent moyen pour débuter. La simple action de presser doucement l'argile entre le pouce et l'index, en tournant lentement le pot dans vos mains, peut donner un bon résultat.

Tout comme l'on serre la main d'une nouvelle connaissance, le fait de modeler un pot vous introduit dans le monde de l'argile. Vous sentirez sa texture, douce ou rugueuse, et, plus important, vous percevrez sa sécheresse ou son humidité. La quantité d'eau contenue dans l'argile est capitale. S'il y en a trop, l'argile sera collante, s'il n'y en a pas assez, elle durcira et sera sujette aux craquelures. L'idéal serait d'avoir un bloc d'argile souple sans être collante.

Tandis que la pièce prend forme, la chaleur de vos mains commence à assécher l'argile, ce qui fait passer sa consistance de souple et molle à rigide et dure. Néanmoins, très souvent, l'argile ne sèche pas assez rapidement ; il est par conséquent conseillé de travailler sur deux ou trois pots à la fois, en laissant le premier sécher, posé à l'envers sur un film plastique (pour empêcher le bord de sécher).

Fabriquer des pots en alternance, en procédant de cette façon, vous fera comprendre la manière dont l'argile sèche, en fonction de la température et de l'humidité du local dans lequel vous travaillez. Cet apprentissage vous donnera le sens du temps, indispensable dans tout travail de poterie.

Sachez que toutes les techniques du travail de l'argile peuvent être combinées. C'est ainsi que les pots d'argile rouge représentés ci-contre ont été fabriqués en ajoutant des colombins à des pots modelés.

Les trois pots modelés (*page ci-contre, en haut*) vous montrent les techniques de base que vous pourrez adapter à vos idées et modèles.

Tina Vlassopoulos
« Red Pots ». Argile rouge modelée, avec adjonction de colombins, rectifiés et polis. Cuits à 940°C.

Priscilla Mouritzen
Bols modelés. Sgraffite sur dioxyde de manganèse et oxyde de fer.

Micki Schloessingk
Cuillères modelées. Argile à grès, cuite « au sel » (voir Glossaire, « émail au sel », page 138).

LE MODELAGE

John Ward
Pot en forme de disque vert et blanc. Modelé avec ajout de colombins aplatis. Argile à grès colorée aux oxydes.

Michael Flynn
« Harlequin ». Argile à grès, modelée et montée en colombins. Cuite en « raku », puis au four à sciure.

MATÉRIAUX

450 g d'argile à « raku », souple, bien préparée et fortement chamottée

4 cuillères à soupe d'eau

ÉQUIPEMENT

Cuillère en métal

RENSEIGNEMENTS COMPLÉMENTAIRES

Pour une explication des termes techniques ou inconnus, voir le Glossaire, pages 138 à 140

POT AVEC COUVERCLE

Ce modèle, destiné à être cuit dans un four à sciure (voir pages 27 à 29), est spécialement adapté à quiconque est désireux de fabriquer un pot, mais ne dispose pas d'un four. Si vous possédez un four à haute température, ou si vous pouvez avoir accès à un tel four, il est préférable de biscuiter les pots à 1 000°C avant la cuisson à la sciure, ce qui permettra de réduire les risques de casse à la cuisson et de rendre la pièce terminée plus durable, bien qu'impropre à contenir des aliments ou des boissons.

On a choisi ici une argile à « raku » très riche en chamotte, car elle offre une meilleure résistance aux chocs thermiques que les argiles plus douces. Si vous possédez de l'argile douce, vous pouvez y incorporer 10 % de sable siliceux fin ou de chamotte. Vu sa nature grossière, cette argile séchera plus rapidement ; au cours du travail, il vous faudra peut-être vous mouiller les mains, en évitant que l'argile devienne humide, donc collante. Si, toutefois, le pot est mou et flasque, laissez-le un peu sécher à l'envers.

1 Commencez avec une boule d'argile préparée, qui soit molle sans être collante. Il faut qu'elle soit suffisamment petite pour pouvoir facilement tenir dans une main. La surface de la boule doit être bien lisse, tout pli risquant de se transformer par la suite en une craquelure.

2 **La mise en forme**
En tenant la boule d'argile dans une main, enfoncez votre pouce en son centre pour commencer à y faire un trou. Veillez à modérer la pression, de façon à ce que le pot ne soit pas trop fin, ou même percé.

3 Tournez le pot dans votre main, tout en pinçant doucement l'argile, afin de ramener les parois du pot à environ 5 mm d'épaisseur. Travaillez de la base vers le haut, en vous assurant que les parois sont d'une épaisseur égale, bien lisses et uniformes. Laissez plus d'épaisseur sur le rebord, pour l'empêcher de sécher trop rapidement et de se craqueler.

4 Écartez le rebord vers l'extérieur, pour élargir l'ouverture, ou bien resserrez-le vers l'intérieur, comme on le voit ici, pour en réduire le diamètre. Sans trop amincir le rebord, pincez-le pour former la couronne sur laquelle viendra s'appuyer le couvercle.

5 Pour le couvercle, prenez une boule d'argile plus petite et suivez les étapes 1 à 4, avec une pression plus modérée. Lorsque le couvercle est un peu au-delà de la consistance du cuir, frottez-en la surface avec le dos d'une cuillère pour le polir (voir page 45).

6 **Le séchage**
Lorsque le pot est terminé, laissez-le sécher complètement avant de le faire cuire. Le temps de séchage dépend de la température et de l'humidité. Pour vous assurer qu'il est bien sec, portez-le à votre joue : si le pot vous paraît froid, cela signifie qu'il reste encore des traces d'humidité. Reportez-vous aux pages 27 à 29 pour la cuisson à la sciure.

Ce pot présente une surface caractéristique noire charbonneuse. Il n'a pas été nettoyé à l'eau, car la température de cuisson dans le petit four à sciure n'a probablement atteint que quelques centaines de degrés – soit une température insuffisante pour être certain que l'argile ne redeviendra pas molle si on la mouille, d'autant que le pot n'avait pas été préalablement biscuité.

MATÉRIAUX

POUR LE TRAVAIL DE L'ARGILE

1 kg 800 d'argile à grès

1/4 de tasse d'eau ou de barbotine pour les collages

OUTILS

Baguette en bois pointue (aiguille à tricoter ou pinceau à long manche)

Grillage pour la texture

Aiguille

Support en mousse ou en tissu

Rouleau

Couteau

Objets pour estamper

POUR L'ÉMAILLAGE

Réserve en latex

Savon

Pinceaux

Éponge

Colorants sous émail

ÉQUIPEMENT

Cônes pyrométriques 03, 7, 8, 9, 10

Four

Gants en caoutchouc

RENSEIGNEMENTS COMPLÉMENTAIRES

Pour une explication des termes techniques ou inconnus, voir le Glossaire, pages 138 à 140

TIRELIRE-DINOSAURE

Ce modèle vise à vous montrer la façon d'assembler différents morceaux d'argile et d'appliquer des détails de texture à la surface. Il nous donne aussi l'occasion de vous expliquer comment fabriquer un cône à l'aide d'une baguette de bois pointue et de vous indiquer ainsi une autre manière de modeler un vase creux à partir d'un bloc d'argile. On utilise la baguette pour amincir les parois de l'intérieur du vase, dans une forme qui serait trop étroite pour les doigts ; on peut employer cette méthode pour confectionner d'autres formes, comme le bec d'une théière.

Pour fabriquer cette tirelire-dinosaure, il faut assembler de nombreuses formes, ce qui veut dire que l'argile doit être à la bonne consistance. Si elle est trop molle, les morceaux se déformeront lors de l'assemblage ; en revanche, si on la laisse sécher au-delà de la consistance du cuir, les collages ne tiendront pas. Aussi, l'une des premières et des plus importantes leçons, en céramique, est d'apprendre à reconnaître le stade idéal à partir duquel l'argile est prête à être travaillée. En règle générale, sachez que les meilleurs collages sont obtenus lorsque les deux morceaux à assembler sont au même stade d'humidité ou de sécheresse, et le plus mou possible.

1 **La fabrication des formes** Confectionnez un cône d'argile, puis placez une baguette pointue au centre de la base et enfoncez-la jusqu'à environ 15 mm de la pointe. Amincissez les parois en roulant le cône sur le morceau de grillage, tout en vous servant de la baguette pour repousser l'argile vers l'extérieur.

2 Lorsque les parois du cône font environ 5 mm d'épaisseur, retirez la baguette et courbez doucement le cône, afin de former la queue du dinosaure. Au moyen d'une aiguille, dessinez des croisillons sur le rebord.

3 Modelez un pot cylindrique (voir page 32) pour former le corps du dinosaure. L'ouverture doit avoir le même diamètre que le cône. Puis scarifiez le rebord en dessinant des croisillons avec une aiguille. Appliquez alors de la barbotine ou de l'eau sur les deux pièces.

4 **Le collage des morceaux**
Si l'argile est trop molle, laissez-la sécher en retournant les pièces sur une feuille de plastique – les rebords doivent être placés contre le plastique pour qu'ils restent humides. Après avoir mouillé les bords des deux morceaux, joignez-les, puis lissez le joint en prenant garde de ne pas trop effacer la texture de la surface.

5 Mettez le corps du dinosaure à sécher sur de la mousse ou des chiffons, puis fabriquez les jambes en modelant de petits pots, sans creuser les pieds, pour plus de solidité. Une fois que le corps est assez sec pour ne pas se déformer, percez des trous à la place des jambes, scarifiez la surface, mouillez avec de la barbotine ou de l'eau et fixez les jambes au corps.

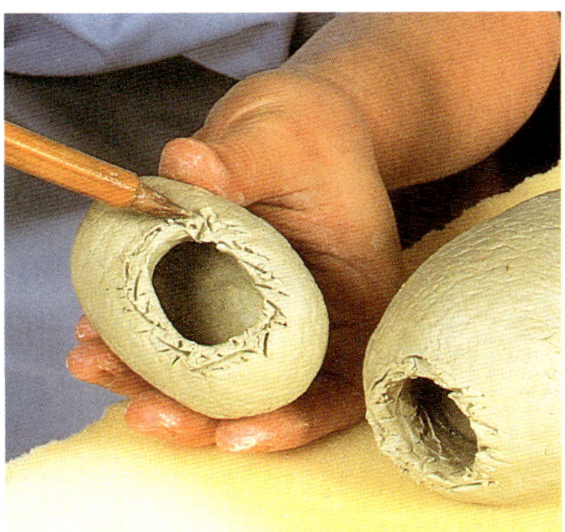

6 Confectionnez un petit pot pour faire la tête et fixez-la de la même manière que précédemment. Assurez-vous que le trou entre la tête et le corps est assez large pour laisser passer les pièces de monnaie qui tomberont dans le ventre après être passées par la bouche. Rappelez-vous que l'argile se rétractera d'environ 10 % pendant le séchage et la cuisson.

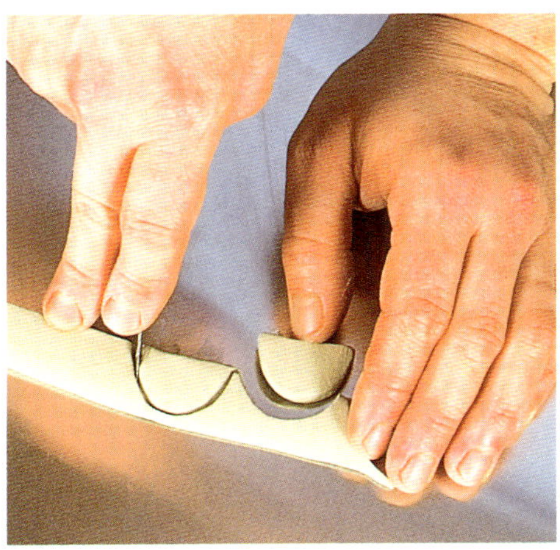

7 **Les éléments de décoration**
Laissez à nouveau sécher le dinosaure sur le flanc jusqu'à ce qu'il soit assez sec pour pouvoir tenir sur ses jambes et sa queue, mais veillez à ne pas dépasser le stade de la consistance du cuir. Étalez une petite bande d'argile et découpez-y des demi-cercles pour faire la crête dorsale.

8 On peut ajouter des détails à cette crête en creusant l'argile avec divers objets. Ici, on dessine un motif en forme d'étoile en utilisant un décapsuleur. Retournez la pièce et faites de même de l'autre côté, en modérant la pression pour ne pas détériorer le premier motif.

9 Fixez la crête en ayant soin de ne pas abîmer le motif en creux. Confectionnez les bras du dinosaure avec de l'argile pleine. Vous pouvez ajouter d'autres décorations avec des petits morceaux d'argile. Puis scarifiez les bras, mouillez-les et fixez-les au corps. Vous pouvez utiliser un couteau à raviolis pour décorer la surface du corps. Laissez le dinosaure sécher complètement avant le biscuitage.

LE LATEX

On peut étaler du latex – substance liquide qui prend une consistance caoutchouteuse en séchant – soit sur l'argile crue, soit sur le pot biscuité, afin de confectionner une réserve lors de la décoration ou de l'émaillage. On l'applique généreusement, puis on le laisse sécher (de blanc laiteux, il deviendra transparent en séchant). On le décolle après la décoration ou l'émaillage, révélant ainsi une surface sous-jacente intacte. Pour éviter que le latex ne sèche et ne se colle sur votre pinceau, trempez ce dernier dans du savon liquide ou un détergent ménager avant de le tremper dans le latex. Puis rincez le pinceau à l'eau et savonnez-le à nouveau pendant 7 à 8 minutes.

10 **La mise en valeur de la texture de la surface**
Après le biscuitage, enduisez de latex la base du dinosaure et toutes les parties que vous souhaitez garder en blanc. Puis appliquez les colorants sous émail (voir page 16) sur toute la surface du dinosaure. **Rappelez-vous que tous les colorants et émaux sont toxiques jusqu'à ce qu'ils soient cuits !**

12 **L'émaillage**
Versez très délicatement l'émail dans la bouche du dinosaure. Ici, on utilise un émail bleu foncé (voir les dosages, page 17). Puis faites tourner l'émail à l'intérieur et reversez-le rapidement dans son récipient ; l'émail ne doit pas rester plus de quelques secondes dans le dinosaure.

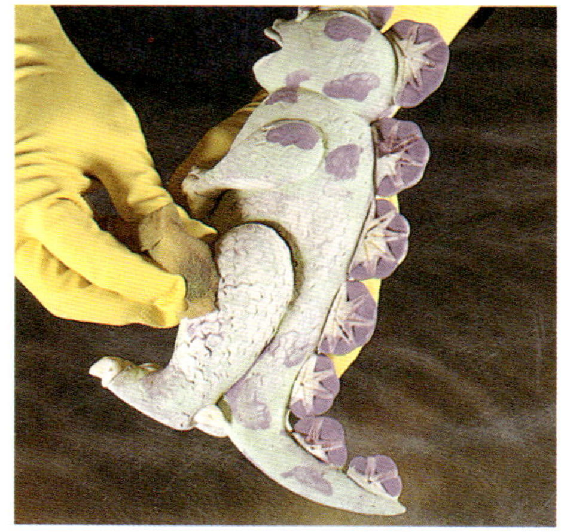

11 En ayant pris soin de mettre des gants en caoutchouc, passez une éponge humide, mais non trempée, sur toute la surface du dinosaure afin d'enlever la couche superficielle de colorant. Rincez l'éponge fréquemment en l'essorant au maximum. Le colorant restera dans les endroits en creux de la surface. Laissez ensuite sécher le dinosaure au moins 24 heures.

13 En tenant le dinosaure par la tête, trempez-le jusqu'au cou, pendant trois secondes au plus, dans l'émail vert (voir les dosages, page 17) bien remué. Ne laissez pas entrer d'émail dans la bouche du dinosaure.

14 Versez l'émail soigneusement remué dans un récipient plus petit qui vous permettra de bien voir le dinosaure au moment où vous tremperez sa tête. En tenant le corps émaillé, trempez le sommet de la tête dans l'émail, pendant deux secondes maximum. Veillez bien, là encore, à ce que l'émail ne pénètre pas dans la bouche du dinosaure.

15 À l'aide d'un pinceau, fignolez l'émaillage. Lorsque l'émail est sec, mettez un masque muni d'un filtre à poussières et frottez délicatement les éventuelles gouttes d'émail et tous les endroits où la couche d'émail est trop épaisse. Puis retirez la réserve en latex, en décollant les bords avec une aiguille, et jetez-la, car elle est couverte d'émail et de colorants toxiques.

16 Éliminez toute trace d'émail de la base avec une éponge humide. Il ne doit pas rester d'émail sur toute surface appelée à être en contact avec la plaque d'enfournement. Soulignez les détails des parties non émaillées – yeux, griffes, centre de la crête – en appliquant un colorant sous émail avant la cuisson d'émaillage (voir page 23).

On a obtenu cet émail vert brillant en ajoutant 2 % d'oxyde de cuivre et 0,25 % d'oxyde de cobalt à un émail transparent pour argile à grès du commerce. La transparence de l'émail permet d'utiliser un colorant sous émail. Ce modèle a été biscuité à 1 100°C et émaillé à 1 280°C.

COUPE POUR POT-POURRI

Modeler un pot sur une forme, comme un sac plastique gonflé ou un ballon enveloppé d'une feuille de plastique pour empêcher l'argile d'y adhérer, permet de créer des formes délicates, qui, faites à la main, ne tiendraient pas. L'argile peut s'enrouler autour du ballon et y rester jusqu'à ce qu'elle soit sèche. Pour éviter qu'elle ne se craquelle, on dégonflera progressivement le ballon au fur et à mesure que la pièce sèche. Avant la cuisson, faites éclater le ballon et enlevez-le ainsi que la feuille de plastique.

Choisissez très soigneusement la hauteur et le diamètre de la base circulaire. Si cette dernière est trop étroite, le vase sera instable ; une base trop large fera paraître lourd le vase le plus fin. Vous pourrez en fabriquer plusieurs pour trouver la taille qui vous conviendra. Pour choisir une taille, vous pouvez confectionner des gabarits en papier.

Dans le cas présent, on a délibérément choisi un émail qui se fendille. Après la cuisson, on a frotté le pot avec de l'encre, puis on l'a essuyé. Le fin réseau de craquelures a absorbé l'encre, mettant ainsi le dessin en valeur. Vous pouvez choisir une encre de n'importe quelle couleur, ou bien encore un colorant naturel, comme le thé. Toutefois, ces craquelures rendent la coupe impropre à contenir des aliments ou des boissons.

MATÉRIAUX

450 g d'argile à porcelaine
Eau ou barbotine
Cire pour la réserve
Émail (voir page 52 pour l'application)
Encre

OUTILS

Ballon
Sac en plastique ou autre support
Emballage en plastique
Rouleau
Couteau de potier
Aiguille
Gants en caoutchouc

ÉQUIPEMENT

Four à haute température
Cônes pyrométriques 03, 7, 8, 9, 10

RENSEIGNEMENTS COMPLÉMENTAIRES

Pour une explication des termes techniques ou inconnus, voir le Glossaire, pages 138 à 140

DÉCORS GRAVÉS

Pour graver un décor ou percer des petits trous, vous pouvez utiliser des mèches pour fraise dentaire, des vis à bois fines, ou la pointe d'un couteau de potier. Nous vous conseillons de vous entraîner sur un tesson d'essai. Mettez un masque muni d'un filtre à poussières pour ne pas inhaler de poudre d'argile. On peut aussi percer les pots biscuités.

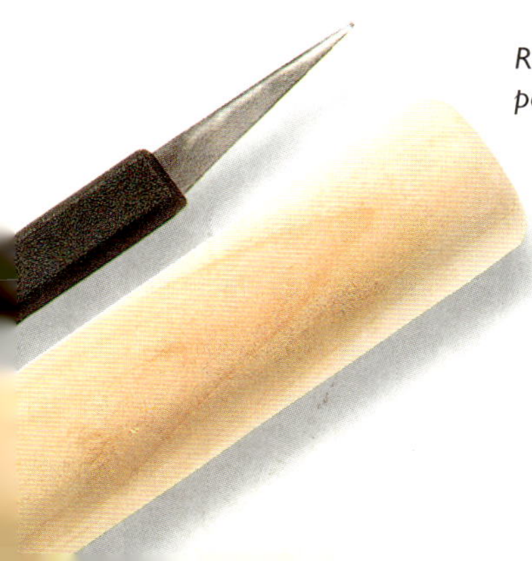

Rouleau et poinçon

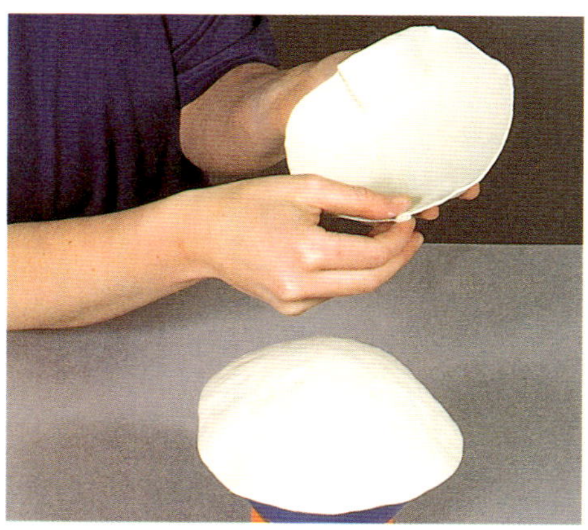

1 Fabrication de la forme Prenez une boule de porcelaine et modelez un bol en suivant les indications de la page 32. Lorsque le bol devient mou, posez-le sur le ballon gonflé pour qu'il sèche. Enveloppez les bords dans une feuille en plastique pour qu'ils restent humides.

2 Fabrication du pied Étalez une petite plaque d'argile et suivez la procédure employée pour fabriquer les ronds de serviettes (voir page 66). Le pied doit être collé avant que le bol ait atteint la consistance du cuir. Le ballon soutiendra le bol, empêchant ainsi toute déformation.

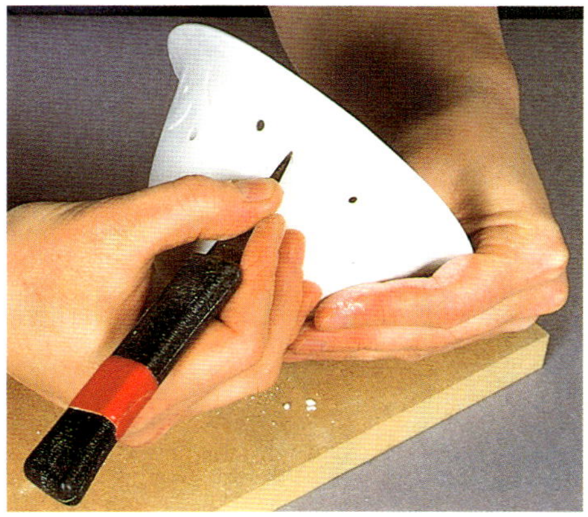

3 Collage du pied

Scarifiez et mouillez le bord du pied. Puis placez-le bien au centre du bol et enlevez-le. La trace humide laissée par le pied vous indiquera où scarifier le bol. Mouillez alors avec de la barbotine et fixez solidement le pied au bol. Vous pouvez éventuellement ajouter des petits morceaux d'argile si le collage a besoin d'être renforcé.

4 Détails de finition

Lorsque le bol a pris la consistance du cuir, donnez aux parois leur forme définitive. Si le bord est trop sec, mouillez-le avec un pinceau et attendez que l'eau soit absorbée avant de continuer. Mettez un masque avec filtre à poussières et décorez le bol bien sec, en perçant des trous sur le flanc et en pratiquant des incisions à la surface.

Après un biscuitage à 1 100°C, on a étalé une épaisse couche de vernis pour obtenir ces craquelures sur toute la surface (pour le trempage dans l'émail, voir page 103). On a ajouté 10 % de colorant jaune à un émail transparent cuisant à 1 280°C (voir pages 16 à 19). Vous remarquerez l'aspect vitrifié, aux endroits où l'émail a comblé les trous du décor.

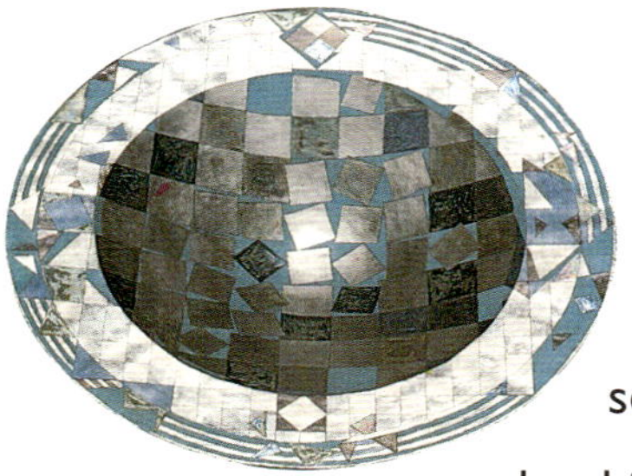

À la différence des pots modelés, qui ne peuvent dépasser une certaine taille, ceux en colombins peuvent être aussi grands que vous le désirez, car ils ne sont pas fabriqués à partir d'une boule initiale, mais sont constitués d'ajouts de morceaux d'argile. On peut ajouter des colombins à tout travail en argile, sous réserve qu'il soit assez mou, et on peut agrandir des pots montés au tour en ajoutant des colombins à la bordure. Dans ce chapitre, nous vous montrerons comment on agrandit un pot par ajout de colombins.

On peut fabriquer des colombins de différentes manières, depuis le roulage à la main jusqu'à la production de masse par malaxeur. On peut aussi utiliser des rubans plats. Le diamètre des colombins dépend de la taille de la pièce. Ils doivent avoir approximativement le double de l'épaisseur de la paroi du pot terminé, afin de permettre une bonne cohésion. Si les colombins sont trop minces, la jonction se fera mal et la pièce risquera de se briser.

Pour avoir des joints solides, l'argile doit être molle. Il est donc important, lors de la fabrication des colombins, de partir d'une argile souple et de ne pas trop la travailler, la chaleur des mains la faisant sécher. Les surfaces absorbantes doivent être humidifiées ; si vous n'utilisez pas les colombins immédiatement, il faut les placer sur une feuille de plastique et les couvrir pour les empêcher de sécher.

Pour que les couches de colombins soient bien jointes, il faut abaisser la couche supérieure de façon à ce qu'elle se mélange avec la couche inférieure. Ne vous contentez pas de pincer le colombin lorsque vous le posez, car il n'adhérera pas correctement à la couche inférieure et les différentes couches risqueront de se séparer en séchant. Dans la plupart des cas, il faudra attendre que la base sèche et durcisse avant de pouvoir y ajouter d'autres colombins, sous peine de voir l'ensemble s'effondrer. Pendant le séchage, il faudra toujours garder humide le bord supérieur de la pièce en le couvrant d'un film plastique.

La technique du colombin donne un aspect particulier à la surface, qui présente des couches successives. Vous pouvez choisir de garder cette structure ou la lisser. Vous pouvez dessiner d'autres motifs sur un pot avant que l'argile soit sèche.

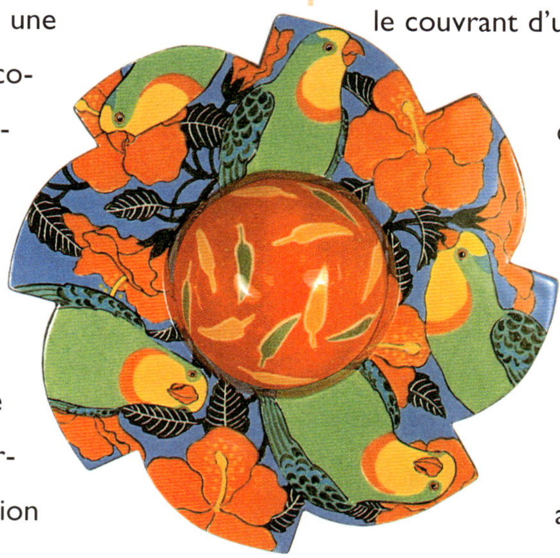

Ci-dessus : **Barbara Swarbrick**. *Bol. Argile commune. Fabrication à la plaque, colombins. Colorants sous émail.*
En haut, à gauche : **Judy Trim**. *Bol. Colombins, pièce décorée à l'engobe et polie, d'où cet aspect lustré.*

Fiona Salazar
« Black Pot ». Argile à grès et argile blanche mélangées ; montage en colombins, décoré aux engobes colorés, poli et cuit à 950°C.

Alan Heaps
« Lovers ». Fabrication à la plaque avec formes moulées et ajout de colombins.

LE COLOMBIN

Liam Curtin et Wendy Jones
Assiette moulée à la presse, émaillée à l'étain et décorée en majolique.

Monica Young
« Ceramic Form ». Argile à grès montée en colombins ; hauteur : 1,40 mètres.

MATÉRIAUX

2 kg 250 d'argile rouge souple

50 ml de chacun des engobes suivants : bleu clair, bleu foncé, vert et jaune

Emballage plastique

Eau

Émail à basse température (950°C)

OUTILS

Aiguille

Pinceaux pour l'eau et l'engobe

Planchette en bois (facultative)

Raclette métallique

Couteau de potier

Poinçon

Gabarits en papier pour les dessins

Cuillère métallique à dos lisse (ou galet poli)

Gants en caoutchouc

ÉQUIPEMENT

Petite planche

Surface plate pour rouler les colombins

Tournette (facultative)

Cônes pyrométriques 09, 08, 07

RENSEIGNEMENTS COMPLÉMENTAIRES

Pour une explication des termes techniques ou inconnus, voir le Glossaire, pages 138 à 140

ROULER LES COLOMBINS À LA MAIN

Prenez environ 450 g d'argile souple préparée (voir page 10) et roulez-la pour en faire un boudin grossier. Effilez les deux extrémités pour empêcher l'argile de former un colombin creux lorsque vous le roulerez sur la surface plate et humide. Espacez largement vos doigts, tout en les déplaçant sur la longueur du colombin pour ne pas former des festons. N'appuyez pas trop au début de chaque mouvement de rotation pour éviter que le colombin ne s'aplatisse.

VASE POLI ET DÉCORÉ

Pour confectionner ce vase, on a commencé par fabriquer la base à partir d'un colombin enroulé en spirale. On a ensuite disposé successivement les colombins sur l'arête extérieure du bord, afin d'élargir la forme du vase, puis sur l'arête intérieure, pour la rétrécir.

Pour réaliser ce projet, on a choisi une argile à faïence rouge pour sa couleur chaude et sa capacité à être polie. Le polissage est un long processus ; polir toute la surface pendant qu'elle sèche peut en effet prendre des heures, mais le brillant satiné qui en résultera en vaut largement la peine. On a sélectionné un émail fondant à 950°C pour la simple et bonne raison que le polissage devient terne si on le cuit à une température plus élevée. Dans le cas présent, l'émail est plus décoratif que fonctionnel, car il a tendance à se fendiller et n'est pas étanche. Par conséquent, ne versez jamais d'eau directement dans le vase. Si vous voulez y mettre des fleurs, vous pouvez placer une petite tasse remplie d'eau à l'intérieur du vase.

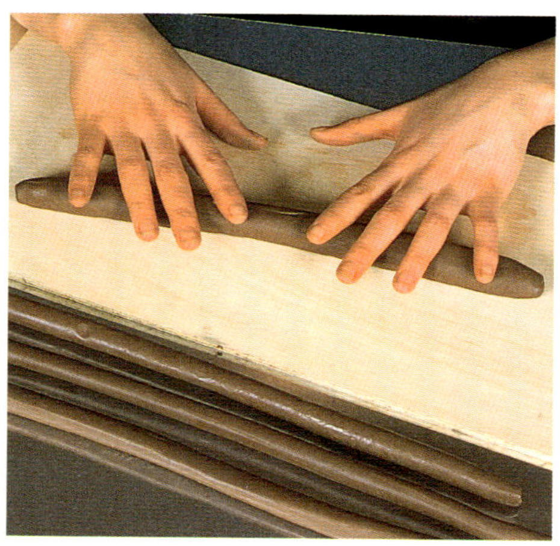

1 Fabrication de la base Roulez quelques colombins ; n'en fabriquez pas trop à la fois pour qu'ils n'aient pas le temps de sécher, ou enveloppez-les dans du plastique. S'ils deviennent secs et cassants lorsque vous les courbez, refaites-en avec de l'argile souple et travaillez sur une surface humide.

2 Placez une petite planche en bois sur votre tournette et enroulez le colombin en une spirale serrée. Si vous ne possédez pas de tournette, vous pouvez simplement faire tourner la planche sur votre plan de travail.

3 Avec le pouce ou l'index, étalez la couche supérieure d'argile, en travaillant des bords vers le centre, pour bien solidariser les spirales du colombin. Si l'argile n'est pas bien mêlée à la surface, le colombin se décollera en séchant. Retournez-le et opérez de même sur l'autre face.

6 Avec l'index ou le pouce, repoussez le bord du colombin contre la base, à l'intérieur du pot, puis à l'extérieur. Rabattre l'argile vers le bas est un geste essentiel pour la solidité de l'ensemble. Ce processus réduira le diamètre du colombin de moitié environ.

4 Pressez la base avec la main ou avec un outil plat, puis scarifiez le tour en faisant des croisillons, à l'aide d'une aiguille. Enfin, humectez les bords avec un pinceau ou une éponge. Il faudra répéter cette opération pour chaque nouvelle couche de colombin.

7 Pour élargir la forme du vase, posez le colombin sur le bord externe du pot et procédez comme précédemment. Ne vous contentez pas de poser le colombin bien à cheval sur le bord et de le pincer – cela ne suffit pas pour assurer une bonne cohésion et le vase risque de se craqueler – mais veillez toujours à bien amalgamer l'argile des couches successives.

5 **Fabrication de la paroi**
Appliquez un colombin contre le bord scarifié et humidifié de la base. Vous pouvez effectuer plus d'un tour avec le colombin, mais sachez que la forme sera plus facile à contrôler si vous coupez le colombin dès que vous aurez effectué un tour.

8 **Forme et surface**
La paroi peut être amincie, mise en forme et décorée au moyen de n'importe quel objet appuyé sur sa surface. De l'autre main, maintenez le pot par l'intérieur pour empêcher toute déformation. Vous pouvez également utiliser un galet lisse que vous placerez contre la paroi interne pendant que vous travaillerez.

9 Laissez le pot sécher en couvrant le bord avec un film plastique pour que l'argile reste souple. Lorsque le vase a atteint la consistance du cuir (voir page 15), retirez le film plastique, scarifiez le rebord à l'aide d'une aiguille et humectez-le comme précédemment. Afin de réduire l'ouverture du vase, disposez le colombin d'argile sur le côté intérieur du bord.

10 Passez une raclette en métal sur la surface pour la lisser en prévision du polissage. Pour d'autres modèles, vous pourrez très bien, si vous le souhaitez, garder les traces apparentes de la technique du colombin, ou bien encore ajouter une autre texture.

11 **Découpe du bord**

Avec l'extrémité de votre raclette, dessinez les ondulations du bord, puis coupez-les à l'aide du couteau de potier. Trempez-vous le pouce et l'index dans l'eau, et passez-les sur le bord ondulé pour adoucir les arêtes de la découpe. Creusez une ligne autour du bord, à l'intérieur et à l'extérieur, avec un outil pointu.

12 **Incrustation d'engobe et décor peint**

Trempez les gabarits en papier dans l'eau et placez-les sur le vase selon la disposition désirée. Avec un poinçon (ici, une baguette de bois à l'extrémité coupée en demi-cercle), estampez le motif sur environ 2 mm de profondeur.

13 Introduisez l'engobe coloré dans les trous du motif, à l'aide d'un pinceau. L'engobe se rétractera en séchant ; il faudra par conséquent procéder à plusieurs applications successives jusqu'à ce que tous les creux soient comblés.

14 Lorsque l'engobe a atteint la consistance du cuir, frottez la surface avec une raclette métallique pour éliminer le surplus d'engobe et révéler le motif en creux. Ne frottez pas trop profondément, au risque de gommer toute l'incrustation.

15 Pour ajouter des motifs peints, appliquez de l'engobe coloré au pinceau, en passant deux couches pour assurer une bonne couverture. Une fois que l'engobe a atteint la consistance du cuir, grattez-le avec un outil à pointe métallique, afin de faire apparaître le support en argile rouge. C'est là ce que l'on appelle la technique du sgraffite.

16 **Le polissage**
Polissez la surface en la frottant avec le dos d'une cuillère ou un galet poli. Si l'engobe n'a pas encore atteint la consistance du cuir, le décor risque de s'étaler ; s'il est trop sec, la surface sera difficile à polir. Continuez à polir jusqu'à ce que le vase soit sec. Pour le polissage final, vous pouvez envelopper vos doigts dans une feuille de plastique.

Après un biscuitage à 950°C, on a délicatement peint une réserve en latex autour de la partie inférieure du col. Après séchage, on a appliqué l'émail (voir pages 134-135), puis on a retiré le latex pour révéler l'extérieur du vase intact. On a obtenu l'émail en ajoutant 2 % de cobalt à un émail transparent cuisant à 950°C.

MATÉRIAUX

2 kg 700 d'argile à grès blanche

Eau

Colorants sous émail préparés : jaune, rouge, vert, bleu, rouge cramoisi, marron

Émail pour grès transparent

OUTILS

Aiguille

Pinceaux

Raclette métallique et raclette en caoutchouc (facultative)

Lame de Surforme (facultative)

Gabarit découpé dans du plastique pour le pied

ÉQUIPEMENT

Tournette (facultative)

Planche

Surface plate pour rouler les colombins

Pulvérisateur de jardin (facultatif)

Grand pichet

Masque facial avec filtre à poussières

Cônes pyrométriques 03, 02, 01, 1

Four

Gants en caoutchouc

RENSEIGNEMENTS COMPLÉMENTAIRES

Pour une explication des termes techniques ou inconnus, voir le Glossaire, pages 138 à 140

Raclettes, grand et petit modèles, avec deux pinceaux fins.

COUPE À FRUITS OVALE AVEC PIED

Pour confectionner cette coupe à fruits, on a commencé par fabriquer un bol modelé auquel on a ajouté des colombins. L'ovale n'est qu'un aperçu des innombrables possibilités de formes non circulaires qu'offre la technique du colombin. Le colombin est en effet une des meilleures méthodes d'élaboration de formes non symétriques, abstraites ou figuratives.

La coupe à fruits possède un pied que l'on a ajouté après la fabrication du bol, ce qui a permis de le rendre plus fin et délicat. Vous pouvez, si vous le souhaitez, le monter au début, mais, dans ce cas, il devra être plus épais pour supporter le poids du bol pendant la phase de fabrication.

Pour cette coupe, on a choisi une argile à grès blanche, afin de donner un fond à la décoration sous émail. L'argile à grès blanche est une argile solide et souple, qui est moins susceptible de se craqueler que les autres argiles blanches, comme la porcelaine ou l'argile blanche à faïence.

1 Ébauche de la forme Fabriquez un pot modelé aux parois de 1 cm d'épaisseur et laissez-le sécher en enveloppant le bord dans du plastique pour qu'il reste humide. Il est plus facile de monter les colombins en utilisant une tournette ; à défaut, vous pouvez simplement faire tourner le pot. Posez le colombin sur le bord scarifié et humidifié du pot modelé, et fixez-le comme indiqué précédemment. Ne laissez pas la base sécher au-delà de la consistance du cuir ; si elle sèche trop vite, enveloppez-la dans du plastique.

2 Rapprochez les deux parois du pot pour former un ovale au bord ondulé, puis montez des colombins jusqu'à ce que l'ensemble soit trop mou pour continuer. Laissez alors le pot sécher à l'envers sur du plastique, en couvrant le bord pour qu'il reste souple. Si vous préférez, vous pouvez supprimer les ondulations en rajoutant des colombins sur les parties basses ; dans le cas présent, nous avons choisi de conserver la forme ondulée.

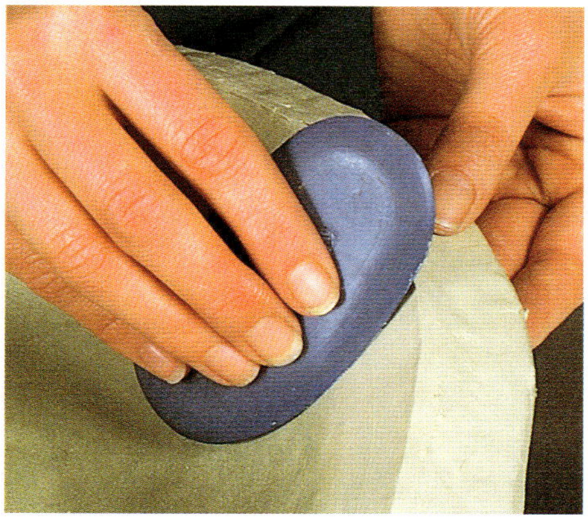

3 **Finition du bord**
Une fois que le pot a atteint la consistance du cuir, scarifiez, puis mouillez le bord avant d'ajouter le dernier colombin. Posez-le sur l'arête externe de façon à obtenir un rebord large et plat pour la finition. Utilisez une raclette en caoutchouc pour lisser la forme à l'intérieur du bol. Laissez sécher jusqu'à la consistance du cuir.

4 À ce stade, retournez la coupe sur un support en mousse (ou des chiffons froissés). Éliminez toute irrégularité de la surface. Utilisez une lame de Surforme – un outil que l'on emploie généralement pour le travail du bois, mais qui convient parfaitement ici – ou encore une raclette métallique, à dents ou à bord lisse.

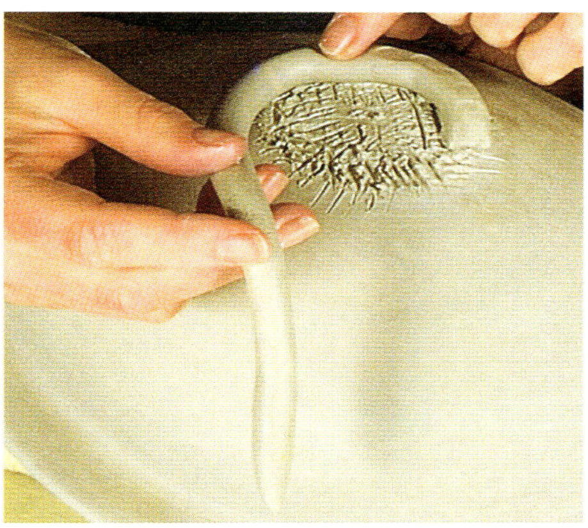

5 **Fabrication du pied**
Choisissez l'emplacement du pied. Une tournette ou un tour vous permettront de marquer facilement le centre, mais, à défaut, utilisez une règle. Scarifiez, puis humidifiez cet emplacement ; placez un colombin d'argile souple sur cette base et continuez à monter des colombins jusqu'à ce que le pied ait atteint la taille désirée.

6 Lissez la surface et tracez une ligne autour du pied avec un gabarit de votre fabrication pour délimiter la partie d'où l'émail devra être enlevé. Laissez sécher jusqu'à la consistance du cuir. À ce stade, le pot est prêt à recevoir la décoration de colorants sous émail. Si le pied s'avère trop fragile pour supporter le poids de la coupe, placez-le à l'envers jusqu'à ce qu'il soit bien sec, puis biscuitez-le, en le laissant à l'envers. Vous pouvez également appliquer les colorants sous émail sur des pots biscuités.

LES COLORANTS SOUS ÉMAIL

Il est préférable d'appliquer les colorants sous émail au stade de la consistance du cuir. En effet, la surface crue étant moins poreuse que celle du biscuit, le liquide s'étalera mieux. Cette solution présente également un autre avantage : la cuisson contribuant à fixer les couleurs dans l'argile, celles-ci risqueront beaucoup moins de baver lors de l'émaillage. Si vous envisagez d'utiliser des colorants sous émail, procédez toujours à des essais sur de l'émail, avant de vous en servir pour un travail définitif. Appliqués trop généreusement, certains colorants sous émail font des bulles ; il est par conséquent préférable de les étaler en couche mince, un peu comme l'aquarelle. Vous pouvez superposer des couches minces ; la plupart des colorants sous émail tolèrent d'être mélangés ou bien superposés, mais vous devez d'abord faire des essais. Étant à base d'oxydes métalliques, ils ne réagissent en effet pas comme des peintures traditionnelles et les résultats sont moins prévisibles. N'importe quel outil peut servir à les étaler, depuis les pinceaux, éponges et aérographes, jusqu'aux chiffons roulés. Sous réserve que la couche ne soit pas trop épaisse, on peut les appliquer de toutes les manières imaginables, chaque méthode donnant sa texture distinctive. **Rappelez-vous que les colorants sous émail sont toxiques et ne doivent pas être ingérés, inhalés, ni laissés en contact avec la peau.**

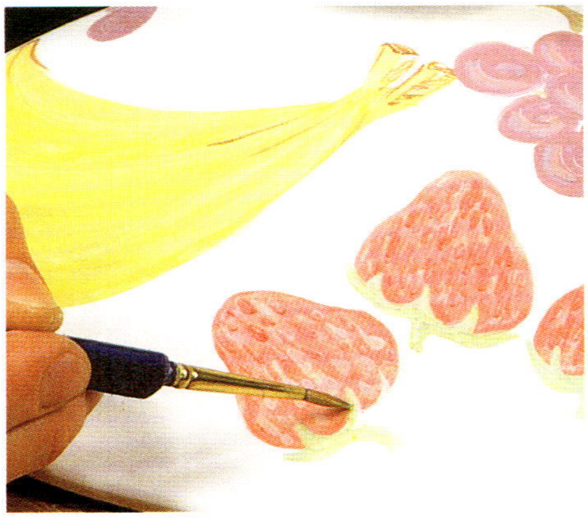

7 Application des colorants Laissez le pot sécher lentement, puis biscuitez-le à 1 000°C. On peut appliquer les colorants sous émail au stade de la consistance du cuir ou sur du biscuit. Vous pouvez donc continuer la décoration, si vous avez commencé à orner la coupe avant le biscuitage, ou ne la débuter qu'à ce stade (voir l'étape 6). En couche mince, peignez les fruits de différentes couleurs.

8 Dessinez les raisins en fines couches successives de différentes couleurs, en commençant par peindre, pour chaque grain, une fine spirale bleue, suivie d'une spirale rouge foncé, puis superposez une ligne de bleu et rouge mélangés. Avec une aiguille, vous pouvez rehausser chaque forme d'une ligne (selon la technique du sgraffite, voir l'étape 15, page 45). Vous noterez les tessons d'essai émaillés.

9 Vous pouvez également acheter des colorants sous émail sous forme de crayons ou de bâtons de craie. On les applique sur des pièces biscuitées exactement comme si l'on dessinait avec un crayon. Ils s'étalent très facilement, ce qui peut s'avérer intéressant pour effectuer de subtils mélanges de couleurs.

10 Décoration à la tournette Utilisez une tournette (voir page 103), si vous en possédez une, ou un tour. Faites tourner la girelle d'une main, en tenant, de l'autre main, le pinceau trempé dans du colorant. C'est le pot qui doit tourner, la main qui tient le pinceau restant immobile.

11 Après avoir tracé de larges bandes bleues sur le bord plat de la coupe, appliquez la tranche du pinceau sur l'arête du rebord pour y tracer une ligne de couleur. En tenant le pinceau de cette manière, vous risquerez moins de faire des bavures qu'en utilisant l'extrémité du pinceau, dont les poils peuvent s'écarter.

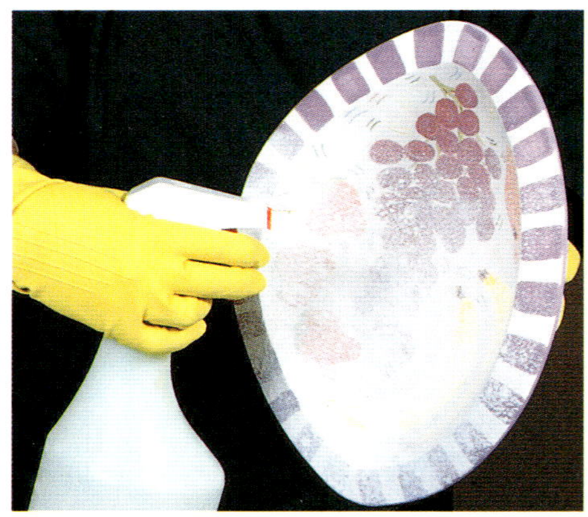

12 « Fixage » des colorants Si vous avez étendu du colorant sur une pièce biscuitée, il est judicieux de la biscuiter à nouveau pour faire pénétrer la couleur et l'empêcher de s'étaler pendant l'émaillage. Vous éviterez les bavures en trempant la pièce dans un grand récipient rempli d'émail. Vous pouvez aussi verser de l'émail sur la pièce. Diminuez le risque de bavures en vaporisant d'abord une fine couche d'émail sur la pièce, à l'aide d'un vaporisateur ordinaire.

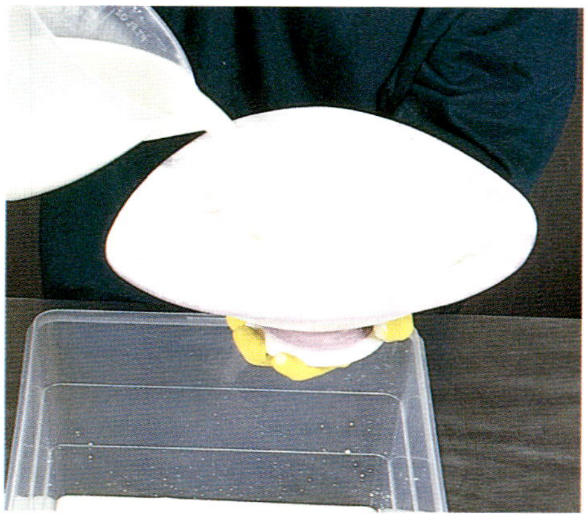

13 **Émaillage par remplissage** Versez l'émail transparent bien remué dans un pichet (voir pages 16 à 19). L'émail doit être juste un peu plus épais que du lait. Tenez la coupe par le pied, en faisant attention de ne pas toucher les décors peints, et versez rapidement l'émail dans la coupe.

14 Dès que la coupe est remplie d'émail, reposez le pichet et videz l'émail que contient la coupe dans un grand récipient (le plus large possible pour éviter les éclaboussures). Il faut faire ce geste en tournant la coupe, de sorte que l'émail s'écoule tout autour du bord et tapisse entièrement les parois internes et la bordure de la coupe. Le tout ne doit prendre que quelques secondes pour que l'émail ne durcisse pas trop vite. Évitez les doubles épaisseurs d'émail.

15 Remplissez à nouveau le pichet d'émail remué, tenez la coupe au-dessus du récipient déjà utilisé et versez l'émail sur la partie extérieure, en évitant les doubles épaisseurs. Versez de l'émail dans le pied et videz-le. Si une petite partie a été oubliée, rectifiez au pinceau. Retirez l'émail de la base du pied avec une éponge.

Coupe cuite à 1 140°C après frottage pour éliminer le surplus d'émail. Bien que l'argile à grès soit plus solide si on la cuit à 1 280°C, cette température inférieure permet de s'assurer que les couleurs ne brûlent pas à la cuisson.

MATÉRIAUX

6 kg 800 d'argile rouge, bien préparée (voir page 13)
Eau
Émail
Émail à l'étain
Latex pour la réserve (voir page 36)
Savon
Émulsion de cire froide

OUTILS

Rouleau
Tissu pour étaler la plaque (facultatif)
Chiffon pour soulever le couvercle
Tissu pour faire reposer le couvercle
Aiguille
Couteau
Pinceaux
Raclette en métal ou en caoutchouc
Éponge
Brosse à dents

ÉQUIPEMENT

Presse à colombins
Planche plate
Boîte en carton pour faire le couvercle
Four
Cônes pyrométriques 06, 03, 02, 01, 1
Gants en caoutchouc

RENSEIGNEMENTS COMPLÉMENTAIRES

Pour une explication des termes techniques ou inconnus, voir le Glossaire, pages 138 à 140

Trois filières pour extruder des colombins de différents diamètres.

POT À PAIN

Ce pot à pain associe la technique du colombin à deux autres méthodes manuelles – le modelage et la technique de la plaque (voir pages 56 à 59). Pour confectionner cette pièce, on a commencé par fabriquer une base plate : en effet, une base large faite d'une plaque aura moins tendance à se fêler qu'une base fabriquée à partir d'un colombin enroulé en spirale.

Les colombins sont volontairement épais – 15 mm – car cela permet non seulement de faire des joints solides, indispensables pour un objet de cette taille, mais aussi d'obtenir des parois plus épaisses, ce qui fait que l'on pourra élargir et modifier la forme après le montage des colombins.

Les colombins peuvent être soit extrudés, soit roulés à la main, soit fabriqués avec un outil à main. Il s'agit là simplement d'une boucle d'acier solidement fixée à un manche, que l'on tire à travers une masse d'argile bien préparée. Le cercle découpe un colombin dans le bloc d'argile.

Pour ce pot, on a choisi une argile commune rouge, traditionnellement utilisée pour un émail à l'étain décoré en majolique.

1 Fabrication des colombins Si vous possédez une presse, choisissez ou confectionnez une filière de 15 mm de diamètre et fabriquez des colombins, en les conservant dans un emballage en plastique pour que l'argile reste souple. Vous pouvez également les rouler à la main, comme indiqué à la page 42, ou encore utiliser l'outil décrit dans l'introduction.

2 Fabrication de la base Étalez une plaque d'argile de 6 mm d'épaisseur et découpez-y la base de votre pot à pain (pour savoir comment étaler la plaque, reportez-vous à la page 56). Pour obtenir une base régulière, confectionnez un gabarit ou utilisez une règle. Scarifiez et mouillez le bord de la plaque avant d'y disposer le premier colombin.

3 Montage des parois
Avec le pouce ou l'index, soudez le colombin à la plaque de base en repoussant l'argile vers le bas, et ce, sur toute la périphérie. On a fabriqué des colombins de gros diamètre afin d'assurer une bonne adhésion de l'ensemble et pour pouvoir affiner légèrement les parois en les pinçant lors du montage du pot.

4 Lissez l'intérieur et l'extérieur du pot au moyen d'une raclette en caoutchouc ou en métal. Si vous constatez un creux important dans la surface, vous pouvez le combler avec de l'argile fraîche et égaliser à nouveau la surface. En lissant l'intérieur du pot, vous pouvez en profiter pour élargir et courber délicatement les parois.

5 Lorsqu'il devient difficile de contrôler le montage, à cause de la souplesse de l'argile, laissez le pot sécher jusqu'à la consistance du cuir, en couvrant le bord avec un film plastique. Puis continuez à ajouter des colombins, que vous pourrez pincer pour les amincir plus vous progresserez vers le haut.

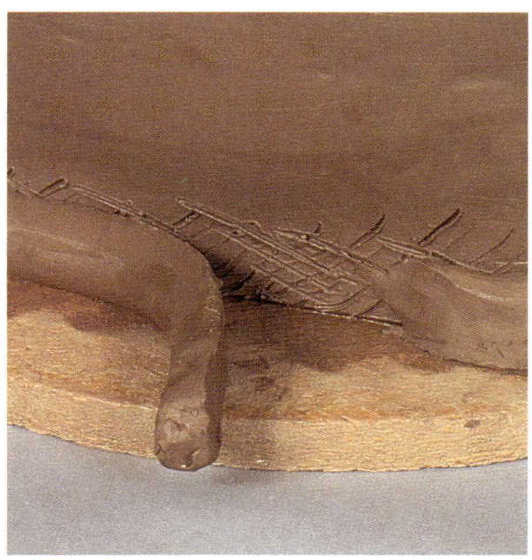

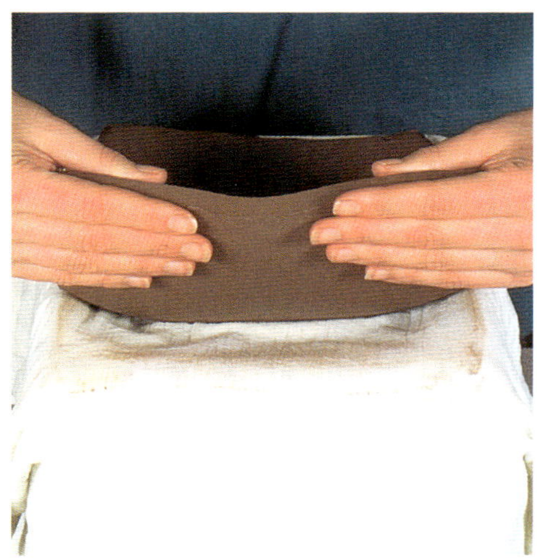

6 Fabrication du rebord
Une fois que le pot a atteint la hauteur voulue, ajoutez un colombin à l'intérieur du bord pour former le support du couvercle. Lissez ce colombin, en prenant soin d'arrondir les angles, ce qui évitera d'y cogner le pain lors de l'utilisation ultérieure.

7 Les bordures décoratives
À titre décoratif, vous pouvez ajouter un colombin coupé en deux dans le sens de la longueur, autour de la base et du bord supérieur. Scarifiez le pot et mouillez-le avec de l'eau, ou de la barbotine, et pressez fermement le colombin pour parfaire l'adhésion. Limitez l'épaisseur du colombin à 1 cm pour qu'il ne se fendille pas.

8 Fabrication du couvercle
Étalez une couche d'argile de 5 mm d'épaisseur et découpez un rectangle aux angles arrondis, d'une taille supérieure d'au moins 3 cm à l'ouverture du pot. Donnez à cette plaque une forme bombée en la posant sur un linge tendu sur une boîte en carton, et en la laissant sécher jusqu'à la consistance du cuir.

9 À ce stade, coupez les bords du couvercle pour qu'il s'adapte à son support. Vérifiez l'ajustement en mettant le couvercle en place. Pour ce faire, posez-le sur une bande d'étoffe repliée (ou du journal, ou du plastique) et soulevez-le par les deux extrémités du tissu (sans l'étoffe, il vous serait difficile de retirer le couvercle du pot). Veillez à ce que le couvercle et le pot soient au même degré de durcissement afin d'éviter que l'un des deux ne se rétracte plus que l'autre en séchant.

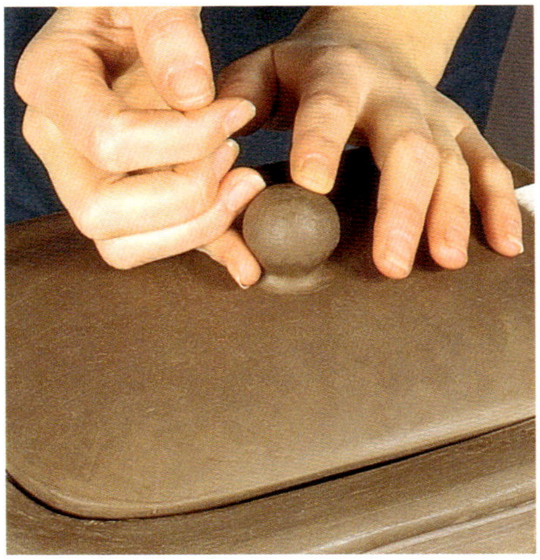

10 **Fabrication du bouton** Fabriquez un petit bol creux ; scarifiez et mouillez le bord du bouton ainsi que son emplacement sur le couvercle, puis fixez solidement le bouton. Avec une aiguille, transpercez le bouton et le couvercle, par le dessus ou par en dessous, pour permettre l'évaporation de l'air lors du séchage.

L'ÉMAILLAGE DES GRANDES PIÈCES

Pour émailler l'intérieur du pot à pain, versez rapidement l'émail dans le pot, puis videz-le aussitôt, comme indiqué pages 49 et 135. Pour émailler l'extérieur du pot, trempez-le dans un grand récipient rempli d'émail à l'étain. Si vous ne disposez pas d'une quantité suffisante d'émail pour y tremper le pot, procédez comme suit. **1.** Posez une planche de bois solide sur un large récipient à émail. **2.** Placez des piliers d'enfournement sur la planche, plus hauts que le pot à émailler. **3.** Posez le pot à l'envers sur ces piliers, de façon à ce que le bord du pot soit à environ 3 cm au-dessus de la planche. Versez alors l'émail bien remué sur le pot, en veillant à ce que toute la surface soit bien recouverte.

DÉCORATION EN MAJOLIQUE

Ce terme désigne l'application d'un émail coloré par-dessus un émail à l'étain. On peut appliquer cet émail coloré de toutes les manières possibles, sous réserve que la couche ne soit pas trop épaisse pour ne pas faire de bulles à la cuisson. Ne passez pas le pinceau plus de deux fois au même endroit, car cela produirait une épaisseur qui ferait tomber la couche d'émail. Les plus belles majoliques sont obtenues en peignant simplement les couleurs sur le pot.

11 **Utiliser une réserve en latex** Mieux vaut faire une décoration en majolique aussitôt après l'émaillage, avant que la surface devienne sèche et poudreuse. Émaillez le pot (voir pages 48-49 et 135). Mettez un masque muni d'un filtre à poussières et frottez toute goutte ou double épaisseur d'émail. Peignez la réserve en latex (voir page 36), puis laissez-la sécher (la couleur passera du blanc laiteux au beige).

12 Étalez du vernis jaune sur une partie du motif, puis complétez avec du bleu et du vert. Appliquez le vernis en couches minces et ne repassez jamais deux fois au même endroit pour éviter d'enlever l'émail. Il est vivement recommandé de faire des essais d'émail avant une utilisation définitive ; vous remarquerez les tessons d'essai disposés sous le pot.

13 On peut à présent parsemer les taches jaunes de gouttelettes rouges. Pour ce faire, trempez une brosse à dents dans de la teinture rouge et frottez-en les poils avec une lame de couteau pour projeter un nuage de gouttelettes.

14 Puis retirez très délicatement la réserve en latex et jetez-la aussitôt, car elle est couverte d'émail et de colorants toxiques. Si des parties n'ont pas été colorées, vous pouvez faire les retouches avec un pinceau.

15 **Utiliser une réserve en cire** Une émulsion de cire froide se comporte comme de la cire chaude. À ce stade, vous pouvez en étaler sur les taches du motif, pour les protéger de la couche finale d'émail. Comme pour le latex, protégez votre pinceau en le trempant préalablement dans un détergent liquide.

16 Une fois que l'émulsion de cire est complètement sèche, passez l'émail coloré en bleu sur toute la surface du pot, en utilisant un pinceau ou une éponge. La façon dont vous l'étalez transparaîtra après la cuisson. L'émulsion de cire arrêtera la plus grande partie du colorant, ne laissant passer que de petites gouttes que vous pouvez choisir de conserver ou d'essuyer avec une éponge humide.

Avec une éponge, on a soigneusement éliminé toute trace d'émail de la base de ce pot à pain. On a obtenu l'émail en ajoutant 8 % d'oxyde d'étain à un émail transparent et en le cuisant à 1 140°C. Le pot avait été préalablement biscuité à 1 000°C.

Pour obtenir une plaque d'argile, il suffit d'étaler de l'argile, comme une pâte à tarte. Il y a plusieurs façons d'étaler une plaque et, comme pour tout processus de fabrication, il faut faire des essais. Commencez par tenter l'étirement : aplatissez de l'argile pour en faire une galette épaisse, puis saisissez-la, retournez-la et projetez-la sur une surface plate, dans un large mouvement du bras. Elle s'étalera après chaque projection. Vous pouvez l'étaler avec un rouleau à pâtisserie ou utiliser un laminoir pour accélérer et automatiser le processus. Enfin, vous pouvez ouvrir un cylindre monté au tour et le mettre à plat.

Il existe nombre de méthodes pour monter un pot selon la technique de la plaque. On peut utiliser les plaques lorsqu'elles sont encore souples pour créer des formes ondulantes naturelles ; on peut les laisser sécher jusqu'à la consistance du cuir pour fabriquer des formes rigides géométriques. On peut aussi les déformer à la main ou les presser dans un moule. La surface de la plaque peut être lisse ou présenter une certaine texture. On peut y incorporer en surface, au rouleau, de la chamotte ou une argile colorée.

Si vous utilisez des plaques ayant la consistance du cuir, veillez tout particulièrement à ce qu'elles n'aient pas dépassé ce stade, sinon, les collages risqueraient fort de ne pas tenir. Le temps que met une plaque pour atteindre la consistance du cuir dépend de l'argile employée, de la surface sur laquelle elle repose, ainsi que de la température et de l'humidité de la pièce dans laquelle elle se trouve.

Le montage à la plaque convient autant aux petites pièces qu'aux grandes. On rendra les très grandes pièces plus légères et moins sujettes aux craquelures en ajoutant de la pulpe de papier mouillée – comptez-en un tiers du volume – à de la barbotine et en laissant le mélange sécher jusqu'à obtention d'une argile souple. Toutefois, sachez que cette méthode ne convient pas si votre four est situé dans votre habitation, car le papier – même en infime quantité – dégage, lors de la cuisson, une fumée toxique et dense qui envahira la pièce. Le séchage doit être lent et homogène pour éviter les craquelures.

Ci-dessus : **Judith Salomon**. *« Construction Bowl ». Argile blanche à faïence, montée à la plaque, décorée au pinceau d'émaux colorés.*
En haut, à gauche : **Linda Chew**. *Plat ovale. Plaques molles estampées avec des textiles, teintées à l'oxyde de cobalt, non émaillées.*

LA PLAQUE

Philomena Pretsell
« Blue Frilly Jug ». Argile blanche à faïence, montage à la plaque avec décor estampé.

Janet Hamer
« Ruddy Duck ». Argile à grès ; bol monté au tour, coupé et remodelé ; tête et queue montées à la plaque.

Marion Brandis
« Persian Fireplace ». Argile à faïence beige, plaques assemblées, émaux colorés appliqués au pinceau.

Jutka Fischer
Vase. Argile blanche à faïence colorée à la gouache, plaques d'argile colorée et décors incrustés.

MATÉRIAUX

Argile de votre choix, bien préparée

Une tasse d'engobe de chaque couleur : bleu, bleu foncé, vert et jaune (voir pages 14-15)

Tissu en coton pour rouler la plaque (facultatif)

Objets pour l'estampage (facultatifs)

5 g d'oxyde de fer (facultatif)

Tabac à rouler (facultatif)

Émaux transparents ou colorés

OUTILS

Règle

Rouleau

Lattes de bois pour servir de guides

Couteau de potier

Fil de fer spiralé (facultatif)

Feuilles et tampons pour motifs imprimés (facultatifs)

Applicateurs d'engobes

Éponge

Couteau

ÉQUIPEMENT

Planches plates en bois

Congélateur (facultatif)

Étagères en fil de fer

Cônes pyrométriques 8, 9, 10 (argile à grès) et 06, 03, 02, 01, 1 (argile à faïence)

Gants en caoutchouc

Four

RENSEIGNEMENTS COMPLÉMENTAIRES

Pour une explication des termes techniques ou inconnus, voir le Glossaire, pages 138 à 140

Pour découper les carreaux, vous pouvez utiliser une règle et un couteau, ou investir dans un moule tel celui illustré ci-contre.

CARREAUX

La fabrication de carreaux donne l'occasion d'explorer deux domaines de la décoration – les textures et motifs imprimés, et le décor à l'engobe – qui offrent d'infinies variations. On peut fabriquer des tampons en plâtre ou en biscuit, ou utiliser des objets courants qui donneront des résultats passionnants, souvent inattendus. Ainsi, le papier journal roulé sur l'argile peut créer une surface intéressante. La décoration à l'engobe offre aussi des possibilités illimitées. Ce projet présente quelques techniques d'engobage traditionnelles que vous pourrez développer. L'impression d'engobe avec une éponge coupée (étape 11) pourra aussi être utilisée pour l'émail, les colorants sous émail, ou la teinture sur émail, pour d'autres créations.

Si vous avez l'intention de poser ces carreaux sur des murs intérieurs, n'émaillez pas le dos, car l'argile poreuse offre une meilleure adhérence. Pour obtenir des carreaux d'extérieur résistants au gel, couvrez-les entièrement d'un émail qui ne se fendille pas ; sinon, l'eau risque de s'y infiltrer et, si elle gèle, de faire éclater l'émail. Faites cuire ces carreaux émaillés sur des pattes de coq ; puis passez une couche de peinture vernie sur les traces que les pattes auront laissées, pour obtenir une étanchéité parfaite.

1 **Fabrication des plaques** Commencez par aplatir avec les mains de l'argile bien préparée, sur une surface absorbante. Étalez-la le plus régulièrement possible, en évitant les creux. Vous pouvez recouvrir le plan de travail de tissu ou de papier, pour empêcher l'argile d'y adhérer.

2 À l'aide d'un rouleau à pâtisserie propre et sec, continuez à étaler l'argile. Pour vous servir de guides et ainsi obtenir une plaque régulière, vous pouvez utiliser deux planches de bois de même épaisseur que vous placerez de chaque côté de la plaque. Appuyez légèrement sur toute la surface.

3 Lorsque vous appuyez sur l'argile, elle colle au support, ce qui l'empêche de s'étaler. Après chaque passage du rouleau, il faudra par conséquent décoller la plaque et la retourner. Vous pouvez vous servir de tissu pour soulever les grandes plaques. Continuez à étaler l'argile jusqu'à ce que la plaque ait une épaisseur comprise entre 6 mm et 15 mm. Une plaque plus mince aura tendance à se voiler.

4 On peut également fabriquer des carreaux à partir d'un bloc massif d'argile bien préparée. Dans ce cas, on découpe les carreaux directement dans le bloc d'argile, en utilisant un fil de fer tendu entre deux tasseaux. Ceux-ci comportent des encoches graduées qui permettent de couper à différentes hauteurs. Pour obtenir des carreaux bien plats, il faut tenir fermement les tasseaux, pour qu'ils glissent en restant toujours en contact avec la planche.

5 **Le truc du ressort**
On peut obtenir une surface décorative en utilisant un ressort au lieu d'un simple fil. Un fil spiralé servant à relier les cahiers fera parfaitement l'affaire. Si vous avez besoin d'un ressort plus grand, vous pouvez utiliser du fil de fer que vous aurez mis en forme en l'enroulant autour d'un manche à balai. Là encore, il faut faudra partir d'un bloc d'argile souple, bien préparée.

6 Vous pouvez tirer le ressort tout droit à travers le bloc d'argile ; pour un motif plus élaboré, traversez l'argile en tirant le ressort de gauche à droite, en zigzag. Soulevez ensuite la couche supérieure pour révéler deux surfaces remarquablement décorées.

7 **La découpe de carreaux unis**
Pour obtenir des carreaux unis, de surface plane, laissez sécher la plaque jusqu'à la consistance du cuir avant de la découper. Vous pouvez fabriquer les carreaux à l'unité ou par panneau. Ici, on découpe un panneau dans une plaque en tirant des lignes droites ; il est possible de créer des formes asymétriques s'entrecroisant.

8 **Estamper une texture ou un motif**
Pour estamper un motif, utilisez une plaque d'argile molle. Les feuilles coriaces, comme celles du lierre ou du chou, laissent une belle empreinte lorsqu'on les presse sur l'argile. Retirez toujours les feuilles de la plaque avant la cuisson, car leur combustion lente dégagerait des fumées malsaines.

9 Pour obtenir de profondes empreintes, utilisez une plaque d'argile molle suffisamment épaisse pour qu'elle puisse encore s'aplatir lors de l'estampage. Vous pouvez fabriquer vos propres tampons en plâtre ou en biscuit, ou utiliser des objets courants, comme ce maillet à viande. (Les ustensiles de cuisine en bois ne pourront plus être réutilisés pour la cuisine).

10 **La découpe de carreaux estampés**
En raison de la pression subie lors de l'estampage, la plaque d'argile va inévitablement s'étirer et se déformer ; par conséquent, si vous désirez des bords droits, vous devrez découper les carreaux après l'estampage. Il est indispensable d'adoucir les arêtes de cette découpe en passant un doigt mouillé sur les bords.

11 **Le décor à l'éponge**
Vous pouvez couper une éponge synthétique avec un couteau aiguisé ou des ciseaux ; elle sera plus facile à couper une fois congelée. (N'utilisez jamais un fil de fer chaud pour couper une éponge, car celle-ci fondrait en dégageant des fumées toxiques). Enduisez l'éponge d'engobe et pressez-la sur le carreau, qui peut déjà être enduit d'un autre engobe séché.

12 **Décor style pierre de Moka**
Faites infuser du tabac à rouler dans de l'eau chaude toute une nuit. Mélangez 2 cuillères à soupe de ce jus à 1/4 de cuillère à café de dioxyde de manganèse (marron-noir) ou d'oxyde de fer (marron) et filtrez le tout dans un tamis à mailles de 120. Trempez un carreau de la consistance du cuir dans un engobe épais remué et déposez-y une goutte du mélange de tabac.

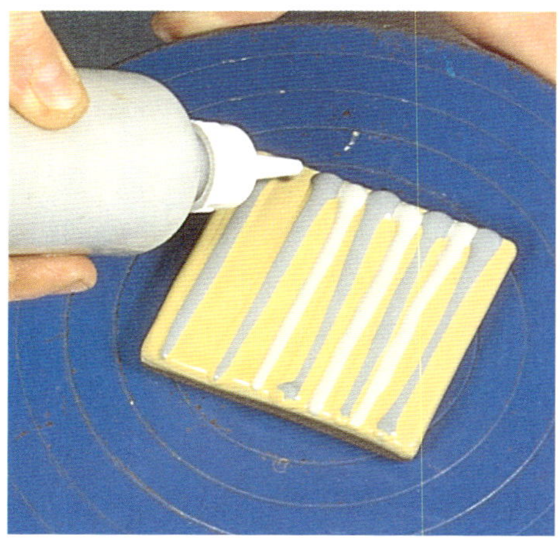

13 **Les ondulations**
Tenez le carreau par les côtés et trempez-le, face vers le bas, dans un engobe bien remué (de la consistance d'une crème épaisse), en laissant le dos intact. Avec un applicateur d'engobe, tracez rapidement des lignes de deux couleurs contrastées, en veillant à ce que l'embout ne touche pas la surface humide. Tapotez le carreau pour que les lignes pénètrent la surface humide.

14 Avant que les engobes soient secs, tirez des traits en travers avec une pointe ou une aiguille. Ce geste entraîne les engobes qui vont se mêler pour former un motif très courant au XIXe siècle.

15 **Les marbrures**
Comme pour les ondulations, trempez d'abord la face d'un carreau de la consistance du cuir dans un engobe épais bien remué. Rapidement, avant que l'engobe sèche, tracez des traits avec des engobes de couleurs contrastées, au hasard. Ici, on a répandu du bleu foncé, du vert et du jaune sur un fond bleu clair.

16 Toujours rapidement, pour que les engobes n'aient pas le temps de sécher, agitez et inclinez le carreau pour étaler les engobes à la surface. Ne secouez pas trop fort pour ne pas faire couler les engobes hors de la surface du carreau. Veillez surtout à ne pas laisser tomber de gouttes dans les récipients contenant les engobes de couleurs pures.

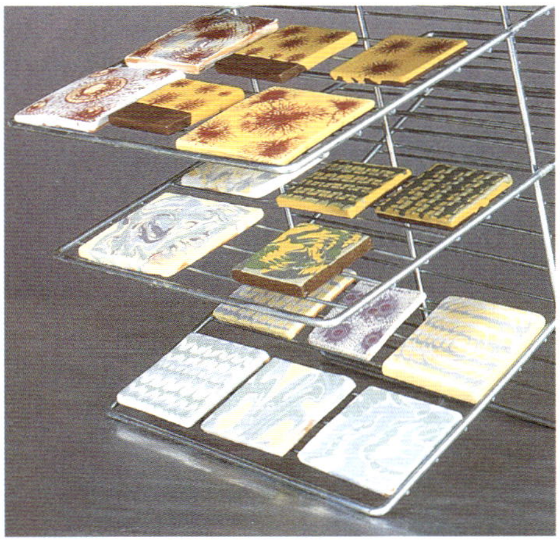

17 Vous pouvez laisser ce motif marbré sécher ou lui imprimer des ondulations avec une aiguille, immédiatement après avoir étalé les engobes, sous réserve qu'ils ne soient pas trop secs. Plutôt que des lignes droites, tracez des courbes pour amplifier le mouvement du dessin.

18 **Le gauchissement**
On peut utiliser toutes sortes d'argiles – une argile riche en chamotte risquera moins de se voiler. Il faut que les carreaux sèchent lentement et de façon homogène, car le gauchissement est dû au fait qu'une face sèche et se rétracte plus vite que l'autre. Placez les carreaux sur des étagères en fil de fer pour que l'air puisse circuler ; à défaut, retournez les carreaux régulièrement.

Après un biscuitage à 1 000°C, ces carreaux d'argile commune, décorés à l'engobe, ont été trempés dans un émail transparent et cuits à 1 140°C sur des pattes de coq métalliques. Les carreaux d'argile à grès avec des motifs estampés ont été traités avec différents émaux colorés et cuits à 1 280°C.

PORTE-TOASTS OU PORTE-COURRIER

MATÉRIAUX

2 kg 250 d'argile à grès blanche, préparée
Papier pour les gabarits
Tissu en coton pour rouler les plaques
Eau ou barbotine pour les collages
50 ml d'engobe bleu (voir page 14)
Film plastique
Émail pour argile à grès transparent, vert clair (voir page 17)

OUTILS

Ciseaux
Rouleau
Couteau de potier
Aiguille
Pinceaux

ÉQUIPEMENT

Planche plate
Cônes pyrométriques 06, 8, 9, 10
Four
Gants en caoutchouc

RENSEIGNEMENTS COMPLÉMENTAIRES

Pour une explication des termes techniques ou inconnus, voir le Glossaire, pages 138 à 140

Pour ce présentoir, vous pouvez découper dans la plaque d'argile, à main levée, une forme différente pour chaque partie verticale. Toutefois, si vous préférez que les séparations verticales soient toutes uniformes, un gabarit en papier vous sera d'un grand secours. Dans ce cas, découpez dans une liasse de papier autant de gabarits que vous désirez fabriquer de formes, et disposez ces gabarits sur la plaque d'argile pour vous assurer qu'il y a suffisamment d'espace pour le nombre de formes que vous souhaitez.

Il faut couper ces formes dans une argile qui a atteint la consistance du cuir. Il est essentiel qu'elle n'ait pas dépassé ce stade, sinon les collages risquent de ne pas tenir. En cas de doute, mieux vaut prendre une argile un peu plus molle que la consistance requise qu'une argile un peu trop sèche.

Vous pouvez tremper la pièce en la tenant avec des pinces à émailler ; à défaut, tenez-la entre le pouce et l'index (voir l'illustration de l'étape 5). Comme pour tout émaillage, il est important que l'émail soit de la bonne épaisseur (voir pages 16 à 19).

1 Découpe des formes
Confectionnez des gabarits en papier. Posez-les sur une grande plaque d'argile ayant la consistance du cuir et faites vos découpes avec un couteau.

2 Finition des bords
Trempez votre index dans de l'eau et passez-le sur les découpes pour les arrondir. Pour graver une ligne sur la bordure, prenez un outil pointu (le manche d'un pinceau) en le tenant dans le prolongement de votre index. En suivant le contour de la pièce avec le doigt, vous tracerez une ligne.

3 Coller les pièces
Lorsque vous aurez arrondi les angles de toutes les pièces et une fois que vous aurez gravé les bordures des deux côtés de chaque pièce, scarifiez les surfaces à coller et mouillez-les avec de l'eau ou de la barbotine.

4 Collez les formes en les pressant les unes contre les autres. Puis renforcez les collages en écrasant un petit colombin d'argile molle de chaque côté des liaisons. Une fois toutes les formes assemblées, passez l'engobe bleu au pinceau sur les tranches, puis laissez la pièce sécher lentement, en la recouvrant d'un film plastique.

5 **L'émaillage**

Après le biscuitage, appliquez de la cire sur la base de la pièce, avec un pinceau. Procédez à l'émaillage. Veillez à ce qu'il n'y ait pas de poussières sur les surfaces, que l'émail soit très bien remué et qu'il soit de la bonne consistance (voir page 17). Mettez des gants en caoutchouc et saisissez le porte-toasts entre le pouce et l'index.

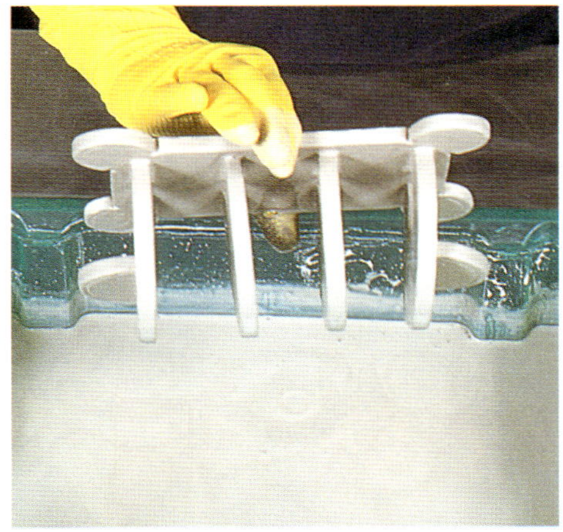

6 Trempez le porte-toasts dans l'émail, pendant deux secondes, puis tenez-le, tête en bas, au-dessus du récipient contenant l'émail, jusqu'à ce qu'il ait fini d'égoutter. Enfin, passez de l'émail au pinceau sur les traces laissées par vos doigts et éliminez soigneusement toute trace d'émail de la base du porte-toasts.

On a cuit ce porte-toasts à 1 280°C. On a utilisé un émail de base transparent, afin de faire ressortir les taches d'engobe bleu qui ornent la tranche des formes. On a coloré cet émail en y ajoutant 2 % d'oxyde de cuivre et 0,25 % d'oxyde de cobalt (voir pages 16 à 19). Le porte-toasts avait été préalablement biscuité à une température de 1 000°C.

MATÉRIAUX

6 kg 750 d'argile à grès blanche, bien préparée

230 g d'argile colorée de chacune de ces couleurs : bleu, vert et jaune (voir page 78)

Tissu en coton pour rouler la plaque (facultatif)

Papier pour les gabarits

Eau ou barbotine pour les collages

Émaux pour argile à grès : bleu pour le plateau et transparent pour la cloche (voir pages 16 à 19)

OUTILS

Crayon

Ciseaux

Règle

Rouleau

Presse à colombins à main (facultative)

Couteau de potier

Aiguille

Pinceaux

ÉQUIPEMENT

Film plastique

Planches de bois

Gants en caoutchouc

Cônes pyrométriques 03, 7, 8, 9, 10

Four

RENSEIGNEMENTS COMPLÉMENTAIRES

Pour une explication des termes techniques ou inconnus, voir le Glossaire, pages 138 à 140

PLATEAU À FROMAGES

Ce projet nous donne l'occasion de vous expliquer comment pratiquer des inclusions d'argile colorée dans la plaque, avant le montage de la pièce. Le motif peut être symétrique ou asymétrique. Si vous souhaitez que les lignes du motif restent droites, n'appuyez que modérément sur le rouleau lorsque vous chercherez à inclure le motif dans la plaque, sinon ce dernier s'étalera et se déformera. Si vous désirez un motif non rectiligne, vous pouvez tirer parti de cette distorsion qui soulignera l'effet recherché.

Lorsque vous fabriquez des ustensiles de cuisine, quels qu'ils soient, il est très important de vous assurer que toutes les surfaces en contact avec les aliments sont lisses et faciles à nettoyer. Prenez donc le temps de faire les finitions, en insistant particulièrement sur les bords intérieurs du plateau et l'intérieur de la cloche, et choisissez un émail qui ne se fendille pas.

Comme l'intérieur du plateau est émaillé, on ne pourra pas faire cuire la cloche en place. Il faudra donc confectionner une plaque biscuitée sur laquelle la cloche reposera pendant la cuisson d'émaillage.

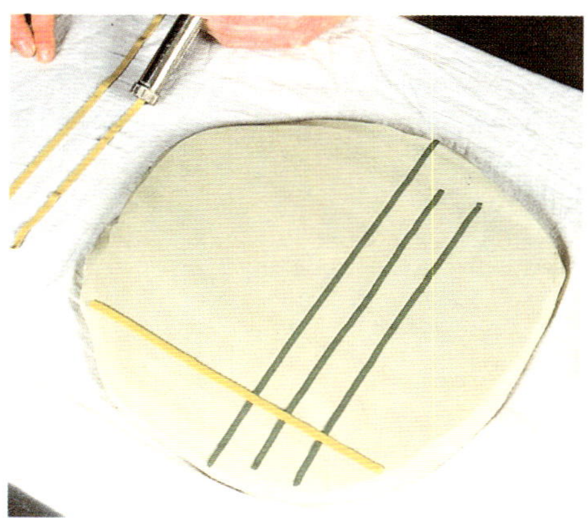

1 Inclusion d'argile colorée En utilisant de l'argile colorée (voir page 78), confectionnez de fines bandes, soit avec une presse à colombins, soit en les découpant à partir d'une plaque fine. Placez-les sur une grande plaque (voir page 56) et, à l'aide d'un rouleau à pâtisserie, faites-les pénétrer dans la masse. Puis laissez sécher la plaque jusqu'à ce qu'elle approche de la consistance du cuir.

2 Découpe des formes à partir de gabarits Disposez vos gabarits en papier sur la plaque, en les alignant sur le motif de la surface, comme vous le feriez en couture, puis découpez vos pièces. La crête qui servira de poignée est découpée dans un bloc d'argile bleue.

3 Collage des formes
Pour obtenir des collages solides, scarifiez les surfaces qui vont entrer en contact (bords ou tranches des pièces) et mouillez-les avec de l'eau ou enduisez-les de barbotine avant de les presser fermement les unes contre les autres. Renforcez les joints de l'intérieur en y écrasant avec le doigt un fin colombin d'argile souple. Veillez à ne pas étaler les motifs d'argile colorée en effectuant les collages.

4 Bordures décoratives
Une fois que vous aurez assemblé toutes les plaques, découpez de fines bandes d'argile bleue. Scarifiez-les, mouillez-les et appliquez-les sur les angles, en pressant fermement. Elles masqueront ainsi avantageusement les joints, au cas où l'argile colorée se serait étalée lors de l'assemblage. Posez la cloche à fromages sur une plaque de la consistance du cuir et dessinez-en le contour sur la plaque.

5 Fabrication du plateau
Scarifiez et mouillez le pourtour, et collez-y des bandes pour constituer un bord épais autour du plateau dans lequel la cloche viendra s'encastrer. Pour un bon ajustement, prévoyez un jeu de 5 mm dans tous les sens entre la cloche et le plateau. Retournez le plateau sur une planche et ajoutez quatre petits carrés plats d'argile dans les angles, ce qui rehaussera le plateau et le rendra plus facile à saisir.

6 Finition de la cloche
Scarifiez et mouillez la crête, et collez-la soigneusement. Servez-vous d'un pinceau mouillé pour éliminer toute souillure due au collage. Pour faire les pompons, fabriquez de petites boules en roulant de l'argile colorée dans vos mains ; faites une encoche dans chaque boule, scarifiez et mouillez les bords de l'encoche, ainsi que la pointe de la crête, et fixez le pompon.

Après un biscuitage à 1 100°C, on a trempé la cloche dans un émail transparent (voir pages 36, 49 et 135). Quant au plateau, on l'a trempé dans un émail bleu obtenu en ajoutant 2 % d'oxyde de cobalt à un émail transparent (voir pages 16 à 19). On a cuit ces deux pièces séparément à 1 280°C.

Dans ce chapitre, nous allons étudier la fabrication et l'utilisation de moules simples, faits d'une seule pièce. Ils sont de deux types : les moules en creux, qui sont concaves, et les moules en saillie, convexes. La principale restriction de ces formes tient au fait qu'elles ne doivent pas comporter de contre-coupes, car celles-ci empêcheraient la séparation du moule et de l'argile, même après le retrait de cette dernière une fois sèche.

Les projets expliqués dans ce chapitre sont tous prévus pour être pressés au moule, et non injectés sous forme de barbotine. L'expression « pressé au moule » décrit le processus de fabrication du pot, qui consiste à presser de l'argile molle dans le moule, et non à y verser une barbotine d'argile liquide. Si vous n'avez jamais employé de moule pour faire de la céramique, nous vous conseillons de commencer par presser de l'argile dans des objets courants avant d'aller plus loin et de confectionner vos propres moules en plâtre. Vous pouvez choisir n'importe quelle forme, pourvu qu'elle ne présente pas de contre-coupes, mais, si le matériau est moins absorbant que le plâtre, vous devez intercaler un autre matériau entre l'argile et le moule, pour empêcher l'argile de coller. Il suffit parfois de saupoudrer un peu de talc dans le moule, mais les surfaces brillantes, comme la céramique émaillée, le verre, ou le métal, exigent qu'un film plastique, ou une fine mousseline, soit placé entre le moule et l'argile.

Le plâtre est le matériau le plus utilisé pour la confection de moules destinés à la céramique, en raison de ses qualités d'absorption et de son moindre coût. Les Égyptiens s'en servaient déjà pour leurs poteries il y a 6 000 ans et il est toujours à l'honneur aujourd'hui.

En dehors des travaux que nous vous proposons, il est important que vous expérimentiez vos propres idées en matière de moules. Commencez par fabriquer une plaque épaisse d'argile molle que vous saupoudrerez de talc, puis enfoncez-y des objets de façon à obtenir de profondes empreintes ; retirez-les (le talc empêchera l'argile de coller) et fabriquez un moule en plâtre de cette empreinte. Tout matériau, de l'écorce aux nouilles, peut créer un motif original. Ces essais vous permettront d'explorer le potentiel des textures sur lesquelles vous moulerez plaques ou colombins.

Ci-dessus : **Frank Hamer**. *« Three Salmon ». Argile à grès blanche, engobes colorés appliqués au pinceau sur des formes en papier journal.*
En haut, à gauche : **Steve Mattison**. *« Sky Series ». Argile colorée, pressée au moule, émail partiellement masqué et cuit en « raku ».*

Chris Speyer
« Cat Plate ». Argile à grès blanche, plaque pressée au moule, émaillée à l'étain avec des touches d'émail coloré appliqué au pochoir.

Andrea Hylands
« Spiriferidal ». Porcelaine, barbotine moulée et modelée à la main, engobes colorés appliqués à l'aérographe ; non émaillée.

MATRICES ET MOULES SIMPLES

Rimas VisGirda
« Champaigne to L.A. ». Argile à grès montée à la plaque, recouverte d'une épaisse couche d'engobe pour donner une surface craquelée à la teinture sur émail ajoutée.

Gary Bish
Vase. Pressé au moule ; couleurs sous émail et émail appliqués avec réserve à la cire, pochoirs et aérographes.

MATÉRIAUX

I kg 500 d'argile souple, bien préparée (voir page 10)
Tube en carton
Papier
Barbotine ou eau pour le collage
Engobe coloré pour la décoration
Émail (facultatif)

OUTILS

Rouleau en bois
Couteau de potier
Aiguille
Ébauchoirs plat et pointu
Ciseaux

ÉQUIPEMENT

Planche plate
Four et pattes de coq
Gants en caoutchouc
Cônes pyrométriques 06, 03, 02, 01, I

RENSEIGNEMENTS COMPLÉMENTAIRES

Pour une explication des termes techniques ou inconnus, voir le Glossaire, pages 138 à 140

RONDS DE SERVIETTES

Vous pouvez utiliser les tubes en carton des rouleaux de papier essuie-tout ou de papier toilette en guise de matrices – leur diamètre convient parfaitement pour confectionner des ronds de serviettes. Comme l'argile fraîche adhérerait au carton, il est nécessaire d'envelopper les tubes dans du papier pour pouvoir faire glisser le rond en argile hors de la matrice.

Dessinez un gabarit en papier ; vous serez ainsi certain que la bande que vous aurez découpée dans l'argile sera assez longue pour faire le tour du tube et cela vous permettra de fabriquer un jeu de ronds similaires. Pour confectionner le gabarit, enroulez le papier autour du tube en faisant se chevaucher les bords sur 8 mm, puis coupez-le. Cette marge de 8 mm correspond à la coupe en biseau de la plaque d'argile (voir l'étape 2). Cette bande de papier vous servira de gabarit pour couper votre plaque d'argile à la bonne longueur. Vous pouvez laisser les bords rectilignes pour obtenir une forme cylindrique ou dessiner une bordure décorative.

Les ronds de serviettes illustrés page ci-contre ont été décorés à l'engobe, biscuités à I 000°C, puis trempés dans un émail transparent et cuits sur des pattes de coq à I 120°C.

1 Découpe de la forme
Confectionnez une plaque d'argile d'environ 6 mm d'épaisseur. Ne la laissez pas sécher, car elle doit rester souple pour éviter que la forme ne se craquelle. Posez le gabarit en papier sur la plaque et découpez la forme.

2 Coupe des joints en biseau
À l'aide d'un couteau de potier, coupez une extrémité de la bande d'argile à 45°, puis retournez très délicatement la bande et faites de même à l'autre extrémité. Avec une aiguille, scarifiez, puis mouillez les deux extrémités ainsi découpées.

3 Finition des bords
La découpe d'une plaque laisse toujours un bord rugueux et irrégulier. Mouillez votre index et lissez les arêtes pour les adoucir. Avec un outil pointu, tracez une ligne le long des bords de la bande d'argile. Puis retournez cette dernière et recommencez de l'autre côté. Cette bordure est décorative et, par conséquent, facultative.

4 Utilisation de la matrice
Enveloppez votre tube en carton dans une feuille de papier (mais ne la collez pas), puis enroulez la bande d'argile autour du tube. Rajoutez de l'eau ou de la barbotine sur les bords biseautés et collez-les fermement.

5 Les bords biseautés
Les bords biseautés formeront un joint net, permettant de bien aplanir la surface avec un ébauchoir pour faire disparaître complètement le collage. La coupe en biseau augmente la surface de contact du collage, lequel tiendra donc mieux ; le joint aurait été moins solide si l'on avait mis deux bords droits bout à bout. Laissez sécher la bande jusqu'à la consistance du cuir.

6 Finition
Faites glisser le rond de serviette et le papier hors du tube en carton, puis décollez le papier. Égalisez la ligne de collage à l'intérieur du rond de serviette, en y écrasant délicatement un petit colombin d'argile molle que vous lisserez. Vous pouvez désormais procéder à la décoration à l'engobe. Laissez sécher le rond de serviette verticalement pour éviter que la forme ne s'aplatisse.

Pour créer une décoration contrastée, on s'est servi d'une réserve en latex, afin de masquer certaines parties des ronds de serviettes au moment d'appliquer, à l'éponge, les colorants jaune et bleu. Les points ont été disposés sur la surface colorée à l'engobe, avant qu'elle soit sèche. Après un biscuitage à 1 000°C, on a trempé ces ronds de serviettes dans un émail transparent, puis on les a cuits sur des pattes de coq métalliques à 1 120°C.

ÉGOUTTOIR À COUVERTS

MATÉRIAUX

2 kg 250 d'argile à grès souple, préparée
Tissu pour étaler la plaque (facultatif)
Matrice cylindrique (bouteille)
Papier
Barbotine ou eau pour les collages
Engobe coloré pour le décor (facultatif)
Émail pour argile à grès

OUTILS

Ciseaux
Rouleau
Couteau de potier
Aiguille
Pinceau
Fourchette
Poinçon

ÉQUIPEMENT

Planche plate
Four
Gants en caoutchouc
Cônes pyrométriques 03, 7, 8, 9, 10

RENSEIGNEMENTS COMPLÉMENTAIRES

Pour une explication des termes techniques ou inconnus, voir le Glossaire, pages 138 à 140

Pour ce projet, comme pour les ronds de serviettes (voir pages précédentes), on s'est servi d'un objet domestique recyclé en guise de matrice. C'est ainsi que les grandes bouteilles en plastique de soda ou d'eau minérale feront parfaitement l'affaire et permettront de fabriquer un égouttoir assez large pour que vous puissiez y introduire la main afin de le nettoyer. Utilisez une bouteille pleine – prenez soit une bouteille vide que vous remplirez d'eau, soit une bouteille que vous n'aurez pas encore ouverte (celle-ci gardera mieux sa forme qu'une bouteille ayant déjà servi).

Pour permettre l'écoulement de l'eau, l'égouttoir à couverts doit reposer sur des pieds ; sachez qu'il sera beaucoup plus stable sur trois pieds que sur quatre. Vous pouvez découper les pieds dans une plaque d'argile, ou, comme ici, dans un colombin décoré à la fourchette.

Une fois la forme achevée, décorez-la à l'engobe. L'égouttoir illustré page ci-contre a été enduit d'engobe bleu foncé (voir pages 48 et 114) ; à la consistance du cuir, on l'a scarifié avec les dents d'une fourchette pour révéler la couleur plus claire de l'argile sous-jacente, créant un motif répétitif en sgraffite. Après un biscuitage à 1 100°C, on a trempé le pot dans un émail transparent pour argile à grès. On l'a cuit à 1 280°C, après avoir essuyé l'émail de la base des pieds.

1 Fabrication du cylindre Confectionnez un gabarit en papier adapté à votre matrice (voir page 66). On a ici cranté la bordure.

2 Posez le gabarit sur la plaque et, avec un couteau, découpez la forme. Coupez l'extrémité rectiligne de la bande d'argile à 45°. Vous aurez ainsi un joint lisse à l'intérieur de l'égouttoir, ce qui facilitera le nettoyage.

3 Enveloppez la bouteille dans du papier pour empêcher l'argile d'adhérer, puis roulez la bande autour. Avec une aiguille, marquez l'endroit où arrive le bord cranté. Déroulez un peu la bande, scarifiez et mouillez les parties qui se chevauchent avec de l'eau ou de la barbotine, et collez-les.

5 Lissez le joint avec le doigt ou un ébauchoir et laissez sécher jusqu'à la consistance du cuir, avant de retirer la bouteille. Avec le doigt, ou encore un pinceau mouillé, égalisez les joints internes. Si besoin est, vous pouvez rajouter un petit colombin d'argile molle que vous écraserez délicatement et lisserez. Pour des raisons d'hygiène, la surface intérieure de l'égouttoir doit être parfaitement lisse.

4 **Fabrication de la base**
Posez le cylindre sur une autre plaque d'argile souple et tracez le périmètre du cylindre avec une aiguille, puis enlevez le cylindre et découpez la base avec un couteau. Scarifiez les surfaces qui vont entrer en contact lors de l'assemblage (la tranche du cylindre et le pourtour de la base), mouillez-les avec de l'eau ou de la barbotine et collez-les en les pressant.

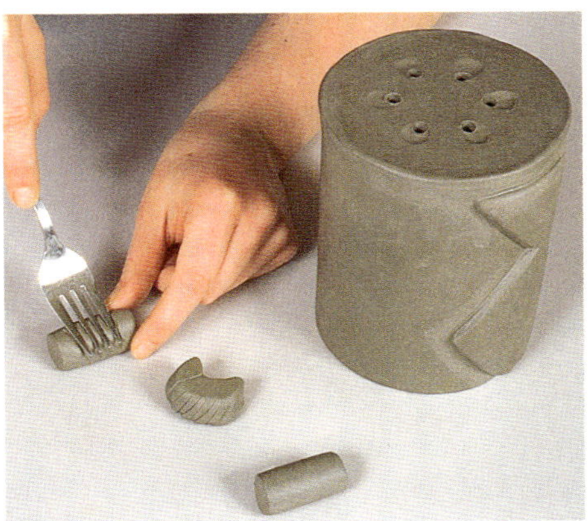

6 **Pose des pieds**
Dans la base, percez des trous d'écoulement et lissez-en les bords, à l'intérieur et à l'extérieur. Fabriquez les trois pieds à partir de colombins d'argile souple et décorez-les avec une fourchette. Scarifiez et mouillez les pieds et la base du pot, et collez-les. Renversez le pot sur du plastique pour empêcher le bord de durcir et laissez les pieds sécher jusqu'à la consistance du cuir. Collez un colombin décoré autour du bord supérieur du pot.

Après un biscuitage à 1 100°C, on a trempé ce pot dans un émail transparent, puis on l'a cuit à 1 280°C. L'émail a donné à la surface un aspect brillant et lisse, qui facilitera le nettoyage de cet égouttoir ; en outre, comme l'émail est transparent, le décor bleu reste bien visible. En cuisant dans un four électrique, l'argile à grès prend une couleur crème, qui contraste joliment avec l'engobe bleu.

BEURRIER DÉCORÉ À LA TEINTURE SUR ÉMAIL

MATÉRIAUX

2 kg 250 d'argile à grès blanche, souple et bien préparée

Mousseline

Barquette à margarine en plastique avec son couvercle

Émail transparent pour argile à grès

Teintures sur émail bleue et jaune

Teinture dorée sur émail (facultative)

Diluant pour les teintures

Papier décalque de couleur (facultatif)

OUTILS

Ciseaux

Rouleau

Couteau de potier

Aiguille

Pinceaux

Spatule à beurre ou règle

Rouleau en éponge (facultatif)

ÉQUIPEMENT

Planche plate

Tournette (facultative)

Four bien ventilé

Piliers d'enfournement et pattes de coq

Gants en caoutchouc

Cônes pyrométriques 03, 7, 8, 9, 10 et 018, 017, 016 pour la cuisson de la teinture dorée

RENSEIGNEMENTS COMPLÉMENTAIRES

Pour une explication des termes techniques ou inconnus, voir le Glossaire, pages 138 à 140

Teintures sur émail à l'eau.

Nous abordons ici deux domaines de la fabrication et de la décoration : l'utilisation d'une matrice pour fabriquer un pot et son couvercle, et le décor peint sur émail. Une barquette à margarine est un modèle tout trouvé pour faire un beurrier ; si vous en prenez une grande, vous obtiendrez un récipient qui pourra contenir un bloc standard de beurre ou margarine.

On a choisi de l'argile à grès blanche pour fournir une couleur de fond claire au décor peint. On peut utiliser de l'argile rouge à faïence, si on y applique une couche d'engobe blanc au stade de la consistance du cuir.

1 Découpe des formes
Posez la barquette, mise à plat, sur une plaque d'argile de 5 mm d'épaisseur. Découpez le contour avec un couteau.

2 Découpez aussitôt le couvercle pour que celui-ci et le récipient sèchent en même temps. Pour ce faire, posez le couvercle de la barquette sur la plaque d'argile et découpez la forme en prévoyant une marge de 1 cm.

3 Reprenez la forme de la barquette et taillez tous les bords en biseau à 45°. Scarifiez-les et mouillez-les avec de l'eau, puis relevez les côtés.

TEINTURES SUR ÉMAIL

Avant d'utiliser ces teintures, reportez-vous à la page 16. Avant cuisson, ces teintures s'effaceront ou se marqueront, dès que vous les toucherez. À l'étape 13, vous verrez que l'on a placé le couvercle sur des pattes de coq posées sur des piliers d'enfournement, de façon à ce que l'émail de l'intérieur repose sur les pattes de coq. Cette méthode permet de saisir les piliers et de porter le couvercle jusqu'au four sans avoir à le toucher.

4 Mise en forme dans la matrice

Redonnez à la barquette en plastique sa forme originale et entourez-la d'un ruban adhésif pour maintenir les coins en place. Disposez une mousseline à l'intérieur, puis placez délicatement la barquette d'argile dans la barquette en plastique et pressez fermement.

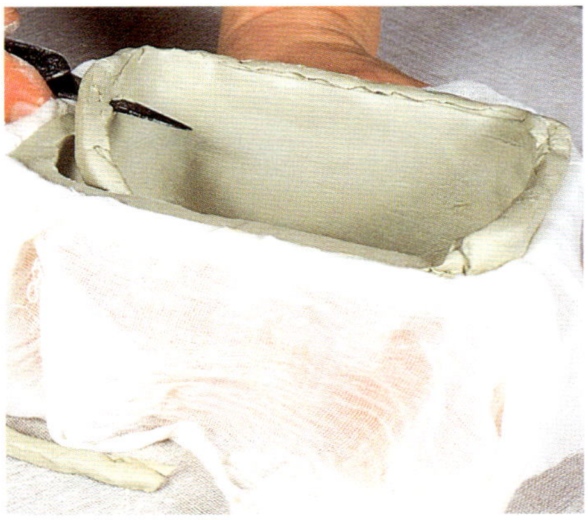

5 Ajoutez des colombins d'argile souple dans les quatre coins, afin de renforcer les collages, puis lissez soigneusement toute la surface interne avec les doigts, ou bien une raclette en caoutchouc. Au moyen d'un couteau, égalisez le bord supérieur en coupant l'argile qui dépasse de la barquette en plastique ; servez-vous du rebord de cette dernière comme guide. Lissez le bord ainsi égalisé pour l'arrondir.

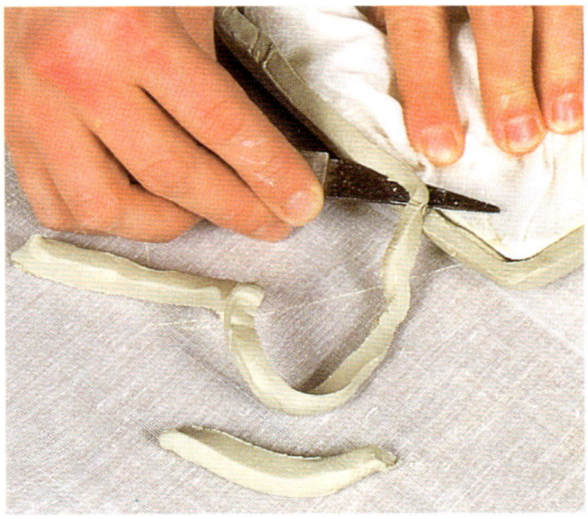

6 Fabrication du couvercle

Posez une mousseline sur la découpe du couvercle, placez le couvercle en plastique au milieu et repliez la mousseline vers l'intérieur. Relevez alors les bords de la plaque autour du couvercle enveloppé, en pressant bien dans les angles, puis coupez l'argile qui dépasse en suivant le bord du couvercle avec un couteau. Retournez le tout sur un film plastique.

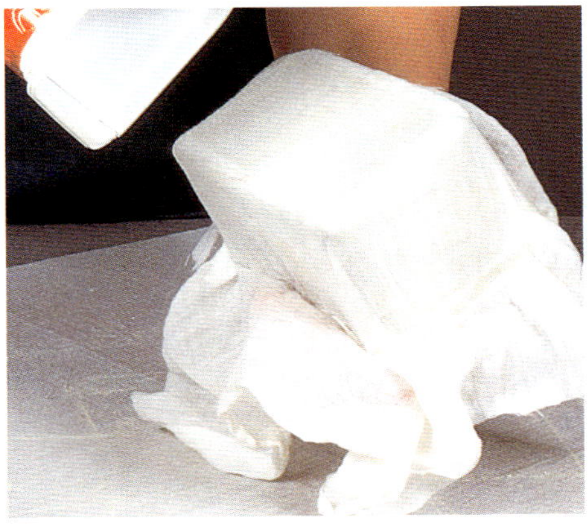

7 Démoulage

Laissez la barquette ainsi que le couvercle en argile dans leurs moules pendant 24 heures, en couvrant les bords avec du plastique pour qu'ils ne sèchent pas plus vite que le reste. Au bout de ce temps, retournez et sortez la barquette, et dégagez le couvercle. Il se peut que l'argile soit encore trop molle pour pouvoir être travaillée, car les moules en plastique ne sont pas absorbants. Attendez alors qu'elle ait atteint la consistance du cuir.

8 Finition des surfaces

Polissez très soigneusement les surfaces intérieures et extérieures de la barquette et du couvercle, en vous servant d'une raclette en métal. Il est important que ces surfaces soient parfaitement lisses pour faciliter le nettoyage du beurrier.

9 Fabrication du bouton

Nous avons choisi de donner au bouton la forme d'une coquille de beurre. Roulez un petit colombin d'argile molle en effilant légèrement les extrémités. Il doit être plus long que la pièce terminée pour permettre d'en couper les deux bouts. Trempez votre pouce et votre index dans de l'eau, et passez-les d'avant en arrière sur toute la longueur du colombin pour l'aplatir et lui donner une forme légèrement bombée, un peu comme un boudoir.

10 Lorsque l'argile est assez sèche pour ne plus coller, pressez la surface du colombin avec une spatule à beurre pour y imprimer des lignes. Si vous n'avez pas de spatule à beurre, utilisez la tranche d'une règle pour graver une série de lignes parallèles et obtenir ainsi le même motif.

11 Puis coupez les deux extrémités du colombin et arrondissez-les délicatement. Roulez le colombin pour lui donner la forme d'une coquille de beurre. Scarifiez le centre du couvercle et la base du bouton, mouillez-les et collez-les. Lorsque vous presserez le bouton pour le fixer, soutenez bien le couvercle par en dessous, afin d'éviter qu'il ne se déforme.

12 **Teinture sur émail**
Après la cuisson d'émaillage, ne touchez pas la pièce avec les doigts, car la graisse de la peau empêcherait la teinture d'adhérer à la surface. Mélangez le colorant bleu de façon à obtenir une consistance laiteuse et peignez chaque fleur en cinq coups de pinceau. Posez la barquette sur le flanc pour vous faciliter la tâche.

13 Une fois que vous aurez fini de peindre les fleurs bleues, passez de la teinture jaune sur le bouton et parsemez des petits points jaunes entre les fleurs. Enfin, appliquez de la teinture or sur la tranche du couvercle. Vous remarquerez que l'on a posé le couvercle sur deux piliers d'enfournement pour pouvoir le déplacer sans le toucher et, par conséquent, sans risquer de laisser des traces de doigts sur la décoration.

Il faut appliquer les teintures sur émail en couches fines, pour qu'elles ne fassent pas de bulles à la cuisson. La teinture or est particulièrement sensible à l'épaisseur ; en effet, si la couche est trop fine, elle deviendra violette ou noire en cuisant, mais, si elle trop épaisse, elle s'écaillera et tombera. Faites par conséquent toujours des tessons d'essai. On a biscuité ce beurrier à 1 100°C, puis on l'a trempé dans un émail transparent et on l'a cuit à 1 280°C. On a ensuite cuit les teintures à 780°C.

CARREAUX DÉCORATIFS

1 Faïence blanche
On peut appliquer la décoration sur émail en suivant les nombreuses méthodes décrites dans cet ouvrage. Dans le cas présent, on a imprimé de la teinture bleue sur un carreau en se servant de l'éponge coupée employée précédemment pour appliquer de l'engobe (voir page 58). On décore l'autre carreau selon la technique du sgraffite, sur un fond de teinture bleue.

2 Ces petits rouleaux à peinture ont été congelés et coupés pour former un motif répétitif. Bien des techniques courantes en ameublement et en peinture murale peuvent être adaptées pour la décoration sur émail.

1 Papier décalque sur email
Vous pouvez acheter ce papier décalque en feuilles de couleurs unies. Vous pouvez les utiliser soit sur vos propres travaux déjà émaillés, soit sur de la faïence blanche. Découpez vos formes avec des ciseaux bien aiguisés.

2 Trempez ces découpes, une par une, dans de l'eau tiède. En quelques instants, la partie colorée va se détacher du support en papier. Il faut impérativement appliquer la découpe face vers le haut, mais comme rien ne permet de distinguer l'endroit de l'envers, il est primordial de laisser la surface peinte sur son support en papier jusqu'au moment de la pose.

3 Disposez votre découpe sur le carreau et maintenez-la en posant un doigt sur le bord pour l'empêcher de bouger. Enroulez un chiffon de coton autour de votre index, puis passez-le sur la surface peinte. Cela permettra de repousser les bulles d'air emprisonnées vers l'extérieur et d'assécher la surface.

MATÉRIAUX

450 g d'argile à grès blanche, souple
Mousseline
Film plastique
Matrice hémisphérique
Barbotine ou eau pour les collages
Engobe coloré et/ou colorants sous émail pour la décoration (facultatifs)
Émail pour argile à grès

OUTILS

Couteau de potier
Aiguille
Ébauchoir à bord fin
Pinceaux
Raclette en métal

ÉQUIPEMENT

Tournette
Four
Gants en caoutchouc
Cônes pyrométriques 03, 02, 01, 1

RENSEIGNEMENTS COMPLÉMENTAIRES

Pour une explication des termes techniques ou inconnus, voir le Glossaire, pages 138 à 140

FLACON À PARFUM

Nous allons à présent aborder le collage de formes multiples issues d'un même moule, avec l'adjonction d'un bouchon modelé à la main. Lorsque vous choisissez une matrice toute prête, il faut vous assurer qu'il s'agit bien d'une forme sans contre-coupes, c'est-à-dire qu'elle ne comporte ni saillies ni creux internes qui empêcheraient le démoulage.

L'assemblage de deux bols par le bord est une technique de base très utile. L'air enfermé à l'intérieur rend la forme plus rigide et plus résistante. Pour fabriquer ce flacon, on a coupé les bords de chaque bol en forme de « V », de telle sorte qu'ils s'encastrent. Cette méthode permet de doubler la surface de collage ; le joint sera par conséquent beaucoup plus solide que si l'on avait laissé les bords plats.

Le flacon rétrécit en séchant, mais le volume d'air qu'il contient reste le même. Cela engendre donc une pression interne ; or, si vous ne percez pas la boule avant qu'elle atteigne la consistance du cuir, cette pression risque d'entraîner une cassure aux endroits les plus fragiles, notamment au niveau des joints. Les pots contenant de l'air emprisonné risquent aussi d'éclater pendant la cuisson.

1 Pressage de la forme
Fabriquez un pot modelé un peu plus grand que le moule choisi. Tapissez l'intérieur du moule d'un film plastique ou d'une mousseline. Puis placez le pot modelé dans le moule, en le pressant fermement.

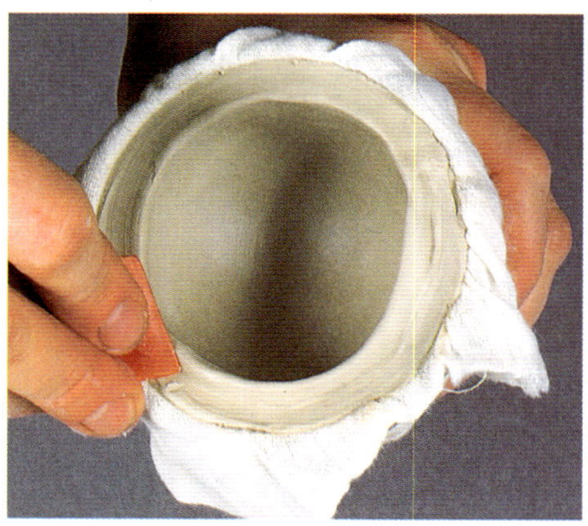

2 Avec un couteau, égalisez le bord supérieur du pot en coupant l'argile qui dépasse du moule, de façon à obtenir un bord bien plat. Puis, tout en faisant tourner le pot dans une main, creusez un profil en « V » dans l'épaisseur du bord, à l'aide d'un outil approprié. Ici, nous avons utilisé un morceau de plastique rigide.

3 Collage des formes
Retirez le bol de la matrice et recommencez les étapes 1 et 2, sauf en ce qui concerne le profil du bord supérieur, auquel vous devrez donner la forme d'un « V » inversé. Scarifiez les bords des deux bols, mouillez-les avec de l'eau ou de la barbotine et procédez au collage en veillant à ne pas déformer la boule.

4 Fabrication du pied

La matrice utilisée ici possède un pied creux dont le relief s'imprimera très facilement dans l'argile lorsqu'on pressera cette dernière à l'intérieur. Si vous avez utilisé un bol lisse en guise de moule pour fabriquer votre boule, vous pouvez très bien mouler le pied en pressant un bol d'argile peu profond dans le même moule. Veillez à toujours recouvrir les surfaces non poreuses d'un film plastique ou d'une mousseline pour empêcher l'argile de coller.

5 Lorsque la boule a atteint la consistance du cuir, égalisez la surface avec une raclette métallique. Comblez toute inégalité sur la ligne de collage avec de l'argile fraîche et lissez soigneusement la surface. Lissez également le bord extérieur du pied pour lui donner un profil bien arrondi. Scarifiez et mouillez les points de contact (le sommet du pied et la base de la boule), et procédez au collage.

6 Fabrication du bouchon

Modelez le bouchon à la main dans un bloc d'argile. Commencez par effiler une extrémité, en conservant l'autre bout sphérique. À l'aide d'un ébauchoir, tracez des lignes pour former des segments, un peu comme des quartiers d'orange. Enfin, percez un petit trou au sommet de la boule, ajusté au diamètre du bouchon.

On a laissé sécher le flacon jusqu'à la consistance du cuir, puis on l'a décoré à l'engobe et avec des colorants sous émail, en utilisant des réserves en latex et en papier, un pinceau et un applicateur d'engobe (voir pages 44, 52-53, 58, 87 et 114). Après un biscuitage à 1 100°C, on a trempé le flacon dans un émail transparent que l'on a essuyé à la base du pied avec une éponge. On a trempé le bouchon dans l'émail avant de le cuire sur des pattes de coq métalliques à 1 140°C.

BOL EN ARGILE COLORÉE

MATÉRIAUX

Objet pour servir de moule (facultatif)
Argile pour fabriquer le modèle
800 g de plâtre sec
1/4 de tasse d'eau pour le collage
120 g d'argile colorée de chacune des couleurs suivantes : vert, bleu, bleu clair, jaune
Barbotine bleue pour le collage des pieds
Film plastique
Emballage en plastique
Papier pour le gabarit

OUTILS

Linoléum pour le bandeau
Pince métallique
Ficelle
Pichet
Lame de Surforme
Raclette rigide en métal
Rouleau
Fil de fer très fin
Aiguille
Pinceau
Couteau de potier
Ciseaux
Raclette souple en métal
Paille de fer (facultative)

ÉQUIPEMENT

Planche
Étagère pour le séchage (facultative)
Masque facial avec filtre à poussières
Gants en caoutchouc (si vous utilisez de la paille de fer)
Four
Cônes pyrométriques 06, 03, 02, 01, 1

RENSEIGNEMENTS COMPLÉMENTAIRES

Pour une explication des termes techniques ou inconnus, voir le Glossaire, pages 138 à 140

Ce projet va nous donner l'occasion de vous initier à deux nouvelles techniques, à savoir la fabrication de moules simples, en plâtre, et les montages en argile colorée. Il est absolument indispensable que les formes utilisées en guise de moules ne comportent aucune contre-coupe. Vous pouvez vous servir d'objets courants, comme ceux que nous avons employés précédemment (voir pages 70 et 74), sous réserve que le démoulage ne pose pas de problème : la poterie en argile doit en effet littéralement tomber lorsque vous retournez le moule – tout profil rentrant ou saillant piégerait l'argile dans le moule, rendant le démoulage impossible.

Avant de fabriquer un bol en argile colorée, il est conseillé d'en confectionner un en argile unie. La méthode la plus efficace pour créer un motif intéressant sur la face externe consiste à disposer des colombins ou des boules d'argile molle dans le moule, puis à lisser la surface interne pour assembler ces morceaux. Cela créera un fin réseau de lignes à l'extérieur, entre chaque colombin ou boule d'argile – la lettre « B » illustrée page 83 vous donnera une idée du résultat.

Objets à surface texturée
En guise de moule, vous pouvez choisir un objet domestique dont la texture sera reproduite sur l'argile. Dans le cas présent, on a pressé un grand pot en argile à l'intérieur d'un panier, puis on a lissé la face interne avec une raclette en caoutchouc. En séchant jusqu'à la consistance du cuir, l'argile s'est rétractée et on a ainsi pu retirer le pot du panier sans difficulté.

Confection de moules en plâtre à partir d'objets
Vous pouvez vous servir de récipients en plastique pour fabriquer des moules (à condition qu'ils ne comportent pas de contre-coupes). Ici, on a arrondi la base plate du bol en plastique avec un peu d'argile. Le bord du bol doit être collé à la planche, pour empêcher le plâtre de s'infiltrer en dessous, et la planche doit être huilée pour que le plâtre n'y adhère pas. Pour fabriquer le moule, suivez les étapes 2 à 8.

1 Vous pouvez aussi monter au tour des formes qui vous serviront à faire vos moulages en plâtre (voir la section « Montage au tour », pages 96 à 135). Fixez un plateau sur la girelle et centrez un bloc d'argile, puis lissez la surface. Si votre plateau est verni, il est inutile de le huiler. Découpez une bande de linoléum pour confectionner un bandeau autour du bloc d'argile.

2 Maintenez le linoléum avec une pince métallique pendant que vous l'attachez avec une ficelle. Faites une boucle à une extrémité de la ficelle et passez l'autre extrémité dans la boucle, puis serrez fortement. Enfin, nouez solidement la ficelle.

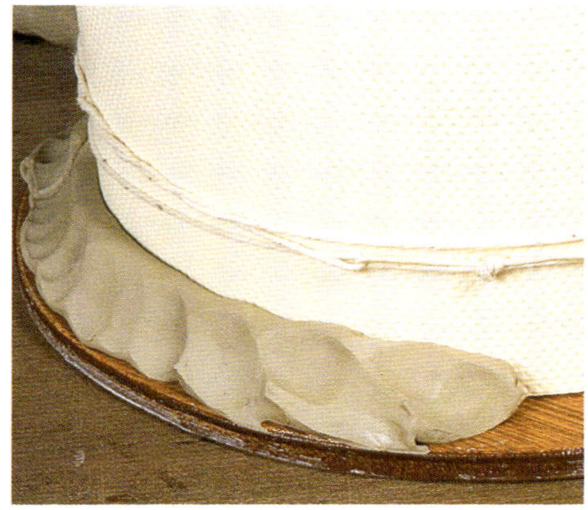

3 Calfeutrez très soigneusement l'extérieur du bandeau, en pressant un colombin d'argile tout autour de la base, pour empêcher le plâtre de couler par en dessous. Ne négligez pas cette opération : si l'argile ne constitue pas un joint efficace, le plâtre se répandra en effet hors du moule lorsque vous le verserez.

4 **Coulage du moule**
Mélangez 800 g de plâtre à 600 ml d'eau (voir pages 20 et 21). Versez ce mélange dans un pichet pratique, puis dans le moule. Versez en un seul endroit pour éviter les éclaboussures et la formation de bulles. Remplissez le moule jusqu'à ce qu'il y ait autant de plâtre au-dessus de la forme en argile que sur les côtés.

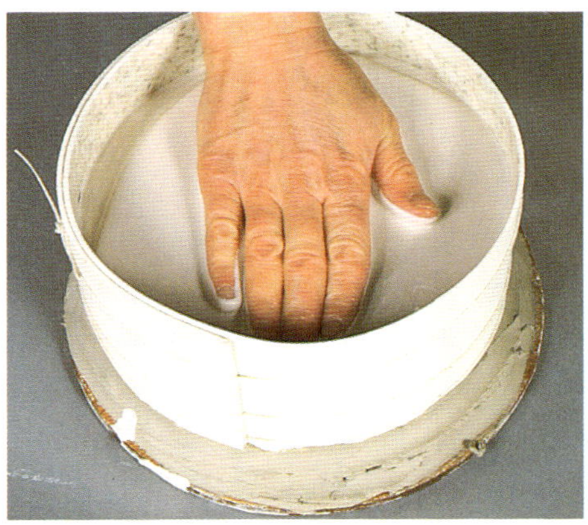

5 Posez votre main à la surface du plâtre, puis appuyez et relâchez, comme pour pomper, ce qui ramènera les bulles à la surface. S'il reste du plâtre dans votre auge ou votre pichet, videz-le aussitôt dans un sac poubelle ou une boîte en carton – **mais jamais dans l'évier** pour ne pas risquer de boucher les tuyaux d'évacuation !

6 **Nettoyage du moule**
Une fois que le plâtre est dur, enlevez le bandeau et, à l'aide d'une lame de Surforme ou d'une raclette métallique, lissez les arêtes et éliminez toute rugosité susceptible de se détacher et de polluer votre argile. Enlevez la forme en argile, en ayant soin de ne pas griffer le plâtre. Laissez sécher le moule (voir page 79).

ARGILE COLORÉE

Pour obtenir de l'argile colorée, versez une couche de 5 mm d'engobe coloré (voir page 14) sur un plateau en plâtre, propre et sec. En quelques minutes, le plâtre aura absorbé suffisamment d'humidité pour que l'engobe devienne de l'argile malléable. Enveloppez aussitôt l'argile colorée dans une feuille de plastique pour qu'elle ne sèche pas davantage. Veillez à ne pas mélanger les couleurs entre elles.

7 **L'argile colorée**
Au rouleau à pâtisserie, étalez de très fines plaques d'argile colorée que vous aurez placées entre deux films de plastique pour éviter qu'elles ne collent. Elles adhéreront encore moins facilement si vous vaporisez au préalable de l'eau sur le plastique. Les plaques fines séchant très vite, recouvrez-les toujours de plastique.

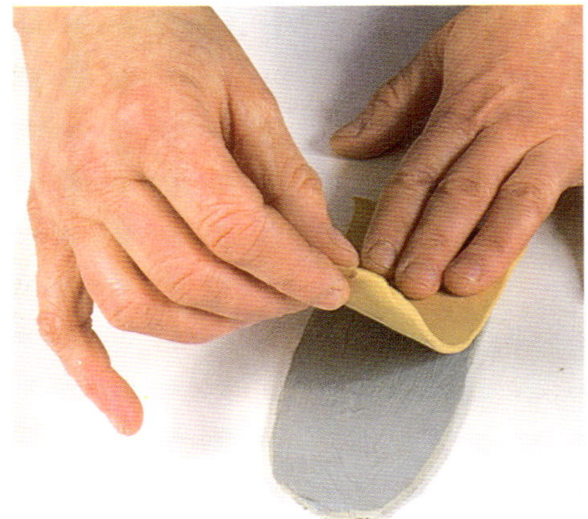

8 Passez une couche d'engobe coloré sur l'une des plaques, puis posez une plaque d'une couleur différente sur le dessus. Pour ne pas emprisonner de bulles d'air entre les plaques, disposez chaque plaque en commençant par une extrémité et déroulez-la en la pressant tout du long jusqu'à l'autre bout, comme indiqué sur l'illustration.

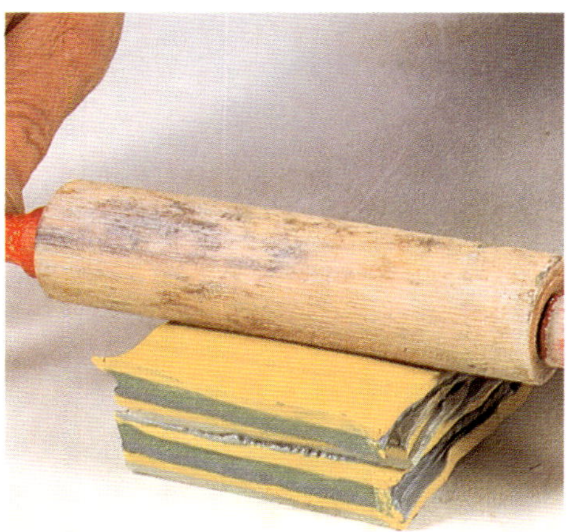

9 Lorsque vous aurez empilé toutes les plaques, coupez le paquet en deux, passez une couche d'engobe sur la surface d'un des blocs et disposez l'autre par-dessus. Passez doucement le rouleau à pâtisserie sur ce paquet, pour que les plaques adhèrent bien et s'étalent légèrement.

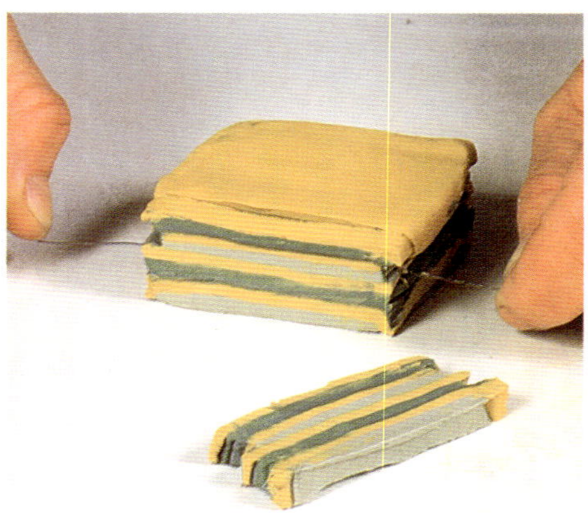

10 Avec un fil de fer très fin, ou un fil de canne à pêche, coupez des tranches multicolores de 5 mm d'épaisseur et emballez-les dans du plastique pour qu'elles ne sèchent pas.

11 Une autre possibilité consiste à enrouler un colombin d'argile colorée dans une plaque d'une autre couleur. Si vous ne souhaitez pas assurer le collage au moyen d'engobe coloré, vous pouvez vous contenter de mouiller la surface de la plaque qui sera en contact avec le colombin.

SÉCHAGE DES MOULES EN PLÂTRE

Le plâtre est le matériau le plus fréquemment utilisé par les céramistes pour la confection de moules, en raison de sa capacité d'absorption lorsqu'il est sec. Il est important de bien faire sécher vos nouveaux moules avant de les utiliser. Toutefois, le plâtre deviendra tendre et inutilisable s'il est trop chauffé ou trop sec. Il faut laisser les moules neufs sécher dans une pièce chauffée pendant une semaine ou deux, selon l'humidité ; vous pouvez accélérer le séchage en les enfermant dans un placard à circulation d'air chaud. Pour fabriquer un tel placard, découpez un trou à la base d'une vieille penderie et placez un radiateur électrique soufflant juste à la hauteur du trou, en dirigeant l'air chaud vers l'intérieur. Il faut aussi découper des trous de ventilation en haut du meuble. (**Ne laissez jamais des appareils électriques surchauffer et éteignez-les s'il y a le moindre risque**). Un four électrique à chaleur tournante réglé à son niveau le plus bas, en laissant la porte entrouverte, peut également convenir, mais sachez qu'il se produira un dégagement d'humidité pendant le séchage. La température de séchage ne doit pas dépasser 40°C. Avec ce séchage forcé, vous devriez pouvoir utiliser de petits moules au bout d'un jour ou deux. Vous pouvez aussi les laisser sécher sur des radiateurs, ou au-dessus de votre four, à condition de les poser sur des pattes de coq pour qu'ils ne soient pas en contact avec la surface chaude. Ne les laissez pas sécher trop longtemps ; dès qu'ils seront secs au toucher, ils seront bons pour le service.

12 De nouveau, avec un fil de fer très fin, coupez des rondelles de 5 mm d'épaisseur et conservez-les dans un sac en plastique pour qu'elles restent souples.

13 **Pressage au moule avec de l'argile colorée**

Lorsque vous aurez suffisamment de rondelles pour remplir votre moule, scarifiez et mouillez la tranche des rondelles avec de l'eau ou de la barbotine, et disposez-les dans le moule en les pressant.

14 Pressez-les fermement pour bien les assembler et tâchez de remplir le moule rapidement pour éviter que les premières pièces ne sèchent avant les autres. Vous pouvez alterner des tranches multicolores avec des plaques unies, pour rompre le motif. Ici, on place un morceau d'argile jaune entre deux plaques multicolores. Vous pouvez constituer le motif au fur et à mesure que vous remplissez le moule.

15 Pour que le bol ait un bord unicolore, scarifiez le haut du bol, dans le moule, mouillez-le avec de l'eau ou de la barbotine, et placez une longue bande d'argile que vous collerez aux couches inférieures. Avec vos doigts, pressez fermement et uniformément toute la surface afin d'aligner les particules d'argile (voir page 10), puis lissez avec une raclette.

16 Démoulage du pot
N'essayez surtout pas d'extraire de force le bol du moule. Une fois que l'argile aura atteint la consistance du cuir, posez votre main, ou bien une petite planche, sur l'ouverture du moule et retournez ce dernier. Le pot se sera rétracté et tombera de lui-même dans votre main, ou sur la planche.

17 Mise en évidence du motif
Lorsque le pot sort du moule, le dessin est confus et sale ; au stade de la consistance du cuir, grattez-le avec une raclette métallique pour en révéler les détails. Portez toujours un masque équipé d'un filtre à poussières lorsque vous intervenez sur de l'argile sèche, et éliminez soigneusement les déchets pour qu'ils ne contaminent pas d'autres travaux en cours et ne présentent pas de risques pour la santé.

18 Gabarit pour un bord festonné
Faites le tour du haut du bol avec une feuille de papier et coupez-la à l'exacte dimension de la circonférence. Joignez les deux extrémités et repliez ainsi la bande en deux à plusieurs reprises. Avec un compas, tracez un demi-cercle et découpez-le sur toute l'épaisseur du papier. Ouvrez alors le gabarit, remettez-le en place sur le bol et tracez la ligne de découpe.

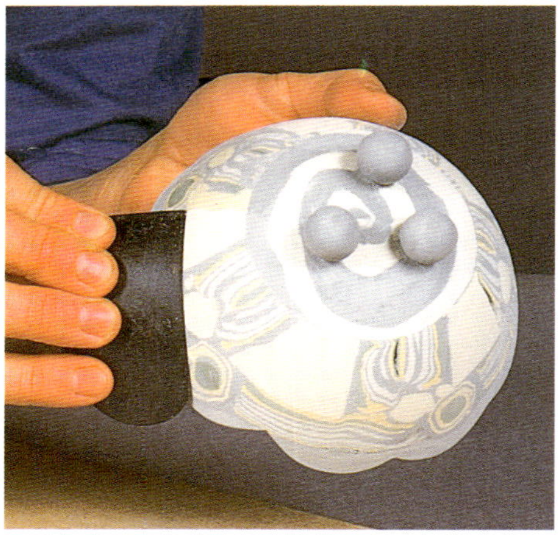

19 Finition du bol
Après avoir découpé les festons et arrondi les bords en les lissant avec un doigt mouillé, roulez trois boulettes d'argile souple. Scarifiez et mouillez la base de ces boulettes, ainsi que les endroits où elles prendront place, à la base du bol, puis fixez-les. Lorsque le bol est bien sec, lissez soigneusement la surface. La paille de fer convient parfaitement pour ce travail, mais vous devrez porter un masque et des gants.

Après un biscuitage à 1 000°C, on a trempé ce bol dans un émail transparent (voir pages 16 à 19 et page 115) et on l'a cuit sur des pattes de coq métalliques (voir page 24). On a opté pour un émail cuisant à 1 120°C afin d'obtenir une couleur plus vive. On aurait très bien pu ne pas émailler le bol, ou encore choisir de n'émailler que l'intérieur.

MATÉRIAUX

Carton épais
Argile pour faire le modèle
800 g de plâtre et 1/2 litre d'eau pour chaque moule
1 kg 800 d'argile à grès blanche, bien préparée
120 g d'argile colorée de chacune de ces couleurs : vert, bleu et jaune
Emballage et film de plastique
Papier pour le gabarit

OUTILS

Cadre en bois ajustable pour les moules
Ficelle
Pichet
Lame de Surforme
Raclette courbe en métal rigide
Rouleau
Aiguille
Pinceau
Couteau de potier
Presse à colombins à main (facultative)

ÉQUIPEMENT

Planche
Étagère pour le séchage (facultative)
Four
Gants en caoutchouc
Cônes pyrométriques 03, 7, 8, 9, 10

RENSEIGNEMENTS COMPLÉMENTAIRES

Pour une explication des termes techniques ou inconnus, voir le Glossaire, pages 138 à 140

Papier calque, couteau de potier et émail transparent en poudre.

CHIFFRES ET LETTRES

Pour fabriquer vos moules, vous pouvez vous inspirer des styles de chiffres et de lettres que vous trouverez dans des livres ou des magazines, ou encore les découper dans des journaux. Vous pouvez également vous servir d'un ordinateur pour imprimer la police et la taille de votre choix.

On peut utiliser des lettres et des chiffres moulés de multiples façons. Par exemple, si vous les démoulez avant qu'ils aient dépassé le stade de la consistance du cuir, vous pouvez les coller sur une poterie afin d'en faire un objet commémoratif (selon la méthode employée pour les miniatures moulées de la page 129) ; vous pouvez aussi fabriquer des plaques nominatives pour la maison, à coller sur les portes des chambres ou de la salle de bains. La plaque numérotée que nous vous présentons dans ce projet peut constituer le numéro d'une maison, ou encore une carte d'anniversaire pour quelqu'un d'original. Si vous avez l'intention de la placer à l'extérieur, suivez les conseils contre le gel donnés page 56. Reportez-vous également à la page 59, pour ce qui concerne le gauchissement des surfaces plates.

1 Des chiffres et des lettres en argile

Dessinez vos chiffres ou vos lettres sur une plaque d'argile de 1 cm d'épaisseur en suivant le contour de votre modèle en papier avec un outil pointu que vous presserez doucement. Ce faisant, vous laisserez une empreinte sur la plaque.

2 Découpez la forme obtenue avec un couteau de potier. Vous remarquerez qu'on effectue ici une coupe en biais pour obtenir un bord oblique, ce qui est non seulement esthétique, mais permet également de s'assurer qu'il n'y aura pas de contre-coupes. Enlevez le surplus d'argile, puis lissez les découpes avec un doigt humide.

3 **Moulage au plâtre**
Posez les lettres en argile sur une surface plate et lisse, comme du Formica. Puis installez une bordure ajustable autour des lettres, en laissant au moins 3 cm entre les modèles et la bordure. Pour couler le plâtre, suivez les étapes 4 à 6 de la page 77.

4 **Chiffres et lettres en carton**
Vous pouvez également découper les formes dans du carton. Pour ce faire, reportez les gabarits en papier (ou bien dessinez les chiffres ou les lettres à main levée) sur du carton d'encadrement ou du carton épais, puis découpez-les avec un scalpel ou un cutter – en faisant attention à vos doigts ! Comme pour toute forme, il ne doit pas y avoir de contre-coupes.

5 Collez ces caractères avec de la colle, ou du scotch double face, sur un carré de carton fort, puis, avec du ruban adhésif, maintenez ce carré sur une surface plate et lisse. Installez une bordure ajustable autour des caractères. Enfin, coulez le plâtre en suivant les étapes 4 à 6 de la page 77.

6 **Finition des moules**
Lorsque le plâtre est dur, égalisez les moules de façon à retirer toutes les éventuelles aspérités et lissez les arêtes avec une lame de Surforme ou une raclette métallique. Démoulez les caractères en argile et laissez les moules en plâtre sécher, comme indiqué page 79.

7 **Pressage des formes**
Pressez un bloc d'argile lisse dans le moule, en progressant d'une extrémité vers l'autre pour éviter d'emprisonner des bulles d'air. Avec une raclette métallique, retirez le surplus d'argile, en veillant à ne pas griffer le plâtre du moule. Lissez la surface des caractères avec une raclette en caoutchouc mouillée.

8 Ces formes fines sèchent en quelques minutes. Dès que les bords de l'argile se décollent des côtés du moule, prenez deux boulettes d'argile fraîche et pressez-les sur l'un des caractères, de façon à ce qu'elles y adhèrent bien. Puis tirez-les vers vous pour démouler le caractère.

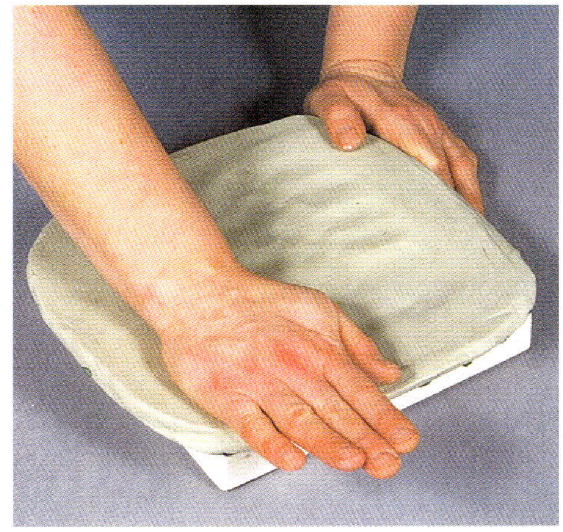

9 Fabrication d'une plaque numérotée
Pressez de l'argile jaune dans les moules en forme de chiffres, puis retirez le surplus d'argile comme indiqué à l'étape 7. Scarifiez les chiffres d'argile avec une aiguille.

10 Confectionnez une plaque multicolore en faisant pénétrer, à l'aide d'un rouleau à pâtisserie, des morceaux d'argile colorée dans une plaque d'argile souple, comme indiqué page 62. Humectez les chiffres jaunes avant de presser la plaque multicolore dans le moule. Commencez par un coin et pressez en progressant vers l'angle opposé pour ne pas risquer d'emprisonner des bulles d'air.

11 Appuyez fermement sur la plaque avec le plat de la main. Prenez ensuite un rouleau à pâtisserie pour égaliser et lisser la surface. Retirez le surplus d'argile des côtés du moule avec un couteau de potier, comme indiqué page 87.

12 Lorsque l'argile a atteint la consistance du cuir, démoulez la plaque. Nettoyez le moule avec une éponge humide et laissez-le sécher. Coupez les bords de la plaque, puis lissez les arêtes avec un doigt mouillé. Percez des trous dans la plaque pour pouvoir la fixer au mur.

Après un biscuitage à 1 100°C, on a enduit l'envers des plaques de cire. Pour la plaque qui porte la lettre « B », on a utilisé le même émail que pour la Tirelire-Dinosaure (voir page 34). On a trempé la plaque chiffrée dans un émail transparent. Après avoir soigneusement essuyé l'émail de l'envers des plaques avec une éponge, on a effectué la cuisson à 1 280°C.

BOL OVALE MARBRÉ

MATÉRIAUX

De 3 à 7 kg d'argile pour faire le modèle

5 kg de plâtre et 3 litres d'eau, à mélanger

2 kg 700 d'argile à grès blanche, bien préparée

1 kg 800 d'argile teintée en noir, bien préparée

Film plastique

Engobe coloré pour peindre le bord

OUTILS

Linoléum pour le bandeau

Ficelle

Pichet

Lame de Surforme

Raclette métallique rigide

Rouleau

Aiguille

Pinceau

Couteau de potier

Fil de fer à découper

ÉQUIPEMENT

Planche

Étagère pour le séchage (facultative)

Four

Gants en caoutchouc

Masque facial avec filtre

Cônes pyrométriques 03, 7, 8, 9, 10

RENSEIGNEMENTS COMPLÉMENTAIRES

Pour une explication des termes techniques ou inconnus, voir le Glossaire, pages 138 à 140

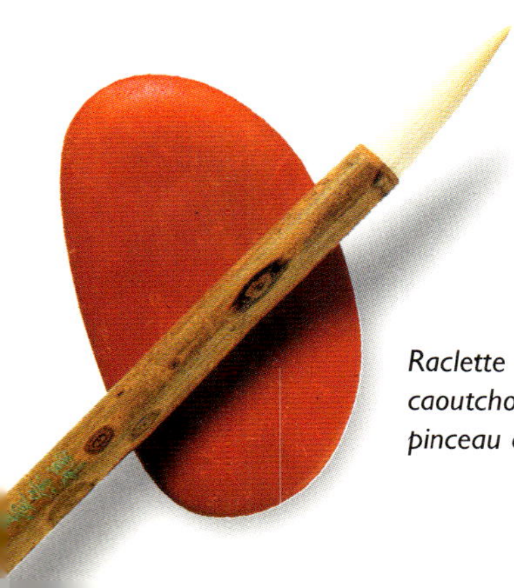

Raclette en caoutchouc et pinceau chinois.

Ce projet va nous permettre d'aborder trois autres techniques, à savoir : premièrement, la fabrication d'un grand moule aux parois de même épaisseur ; deuxièmement, la confection d'une forme ovale à partir d'un bol rond ; troisièmement, la fabrication de plaques marbrées. Le bol rond que l'on utilise au début a été fabriqué au tour ; toutefois, si vous n'avez pas la possibilité de le monter au tour, vous pouvez le modeler à partir d'un bloc d'argile. Commencez par faire un gabarit en bois, ou en carton rigide, de la forme extérieure du bol, puis modelez un bloc d'argile très molle en lui donnant le plus possible la forme du bol renversé. Ensuite, glissez le gabarit le long du bol, de façon à éliminer toutes les aspérités, et comblez les creux éventuels avec de l'argile molle. Continuez ce travail d'égalisation jusqu'à ce que la forme désirée soit régulière et sa surface parfaitement lisse. On se sert ici de la même technique que celle du profilage au gabarit décrite page 93, si ce n'est que l'on emploie de l'argile au lieu de plâtre.

Si les couleurs marbrées de l'argile s'étalent au moment où vous égalisez la surface interne du bol, attendez que l'argile sèche légèrement avant de continuer. Maniez toujours très délicatement l'argile sèche non cuite, car elle est extrêmement fragile et le moindre choc risque de la briser.

1 Fabrication de la forme en argile

Confectionnez une forme de bol rond renversé. Marquez le centre de la base et tirez une droite passant par ce point, en prenant un morceau de linoléum en guise de règle. Tracez deux droites à 2 cm de part et d'autre de cette ligne.

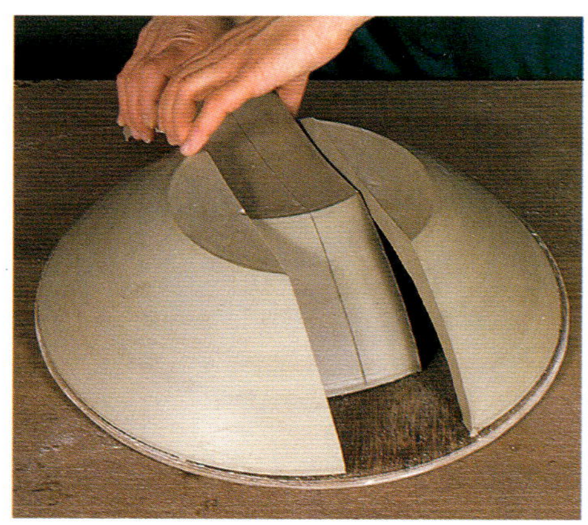

2 Découpez cette bande large de 4 cm avec un couteau et retirez cette partie du bol.

3 Scarifiez la tranche des deux demi-bols, mouillez avec de l'eau ou de la barbotine, et joignez les deux parties en les pressant fermement. Écrasez délicatement un colombin d'argile souple sur le joint et égalisez la surface avec une raclette métallique.

4 Écrasez un colombin d'argile souple tout autour du bol, puis lissez la surface. Cela permettra de sceller le bol à son support, et donc d'empêcher le plâtre de s'infiltrer par en dessous, et vous garantira l'absence de contre-coupe à la base, et donc un démoulage facile.

5 **Moulage au plâtre**
Après avoir entouré la forme d'un bandeau solidement attaché (voir page 77), mélangez 5 kg de plâtre sec avec 3 litres d'eau, comme indiqué pages 20 et 21. Versez le plâtre dans un pichet, puis sur la forme en argile, en une seule fois. Adoptez un débit régulier pour éviter les éclaboussures et bulles d'air.

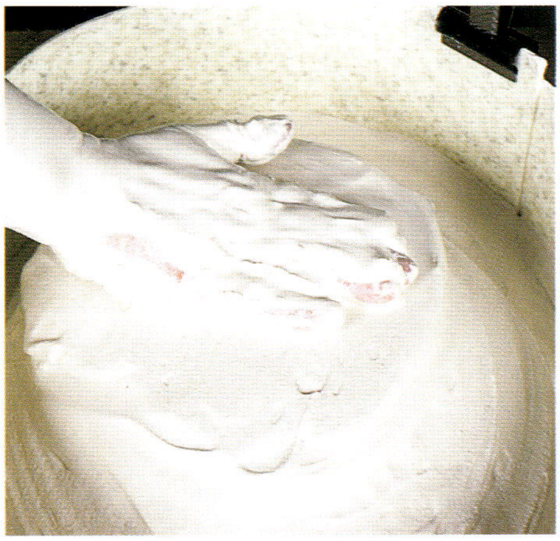

6 Avant que le plâtre prenne, ramenez-le au sommet du bol, aussi régulièrement que possible. Il est très important que le moule, dans son ensemble, soit de la même épaisseur, avec des parois et une base mesurant 3 ou 4 cm d'épaisseur. En effet, s'il comporte des parties fines et d'autres plus épaisses, les pots en argile que vous confectionnerez ultérieurement à partir de ce moule ne sécheront pas de façon homogène.

7 Une fois que le plâtre a pris, retirez le bandeau et égalisez la surface rugueuse du moule avec une raclette métallique rigide. Comme toujours, essayez d'obtenir une surface bien lisse et régulière. S'il y a des trous profonds, scarifiez-les, gâchez un peu de plâtre et comblez-les. Puis, une fois le plâtre dur, lissez à nouveau la surface avec la raclette.

8 Retournez le moule et continuez à égaliser la surface en lissant les arêtes aiguës et les angles vifs avec la raclette. Toute la surface du moule doit être lisse et les angles arrondis, pour éviter que des éclats de plâtre ne contaminent l'argile. Puis retirez la forme en argile et laissez sécher le plâtre (voir page 79).

9 L'argile marbrée Fabriquez des plaques d'argile de 5 mm d'épaisseur et découpez-les en rectangles d'environ 30 x 12 cm. Confectionnez quatre rectangles d'argile souple blanche et trois d'argile colorée en noir. Puis superposez les plaques en alternant les couleurs (voir page 78).

10 Avec un fil de fer fin, coupez le paquet en deux dans le sens de la longueur. Puis repliez les deux moitiés obtenues et superposez-les en opposant les bords arrondis.

11 Pétrissez l'argile (voir pages 11 et 12) en ne faisant que deux ou trois tours maximum, afin de créer les marbrures. Ne pétrissez pas davantage, sous peine de voir les veines perdre de leur netteté et devenir confuses.

12 Pressez le bloc d'argile avec vos mains pour lui donner une forme de cube aplati et coupez-le dans le sens de l'épaisseur afin d'obtenir deux plaques épaisses. Assemblez ces plaques bord à bord et étalez-les au rouleau à pâtisserie de façon à obtenir une seule plaque large mesurant 5 mm d'épaisseur (voir page 56).

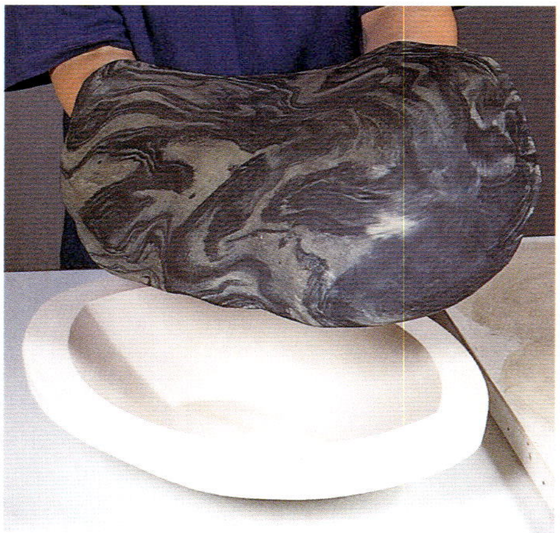

13 Moulage de l'argile Soulevez la plaque, soit en la supportant sur vos avant-bras pour éviter qu'elle ne se déchire, soit au moyen d'un linge ou d'une feuille de plastique. Posez-la au centre du moule et pressez-la doucement jusqu'au fond.

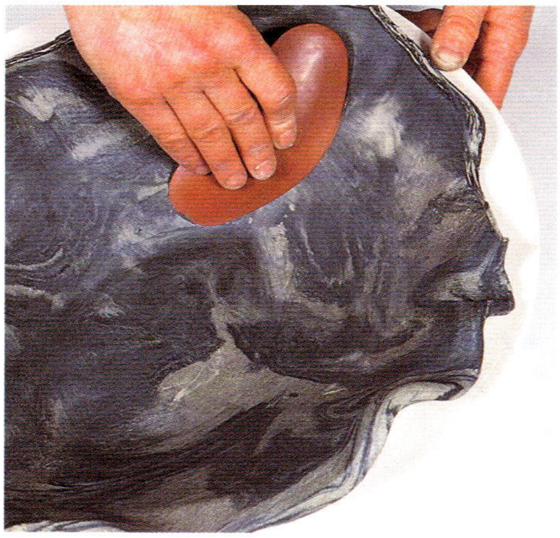

14 Ne laissez pas le bord se replier, car il risquerait de se déchirer en séchant. Appuyez fermement l'argile contre le moule avec une raclette en caoutchouc. Ne vous inquiétez pas si le motif se dilue un peu en surface, puisque cette partie sera grattée avec une raclette par la suite.

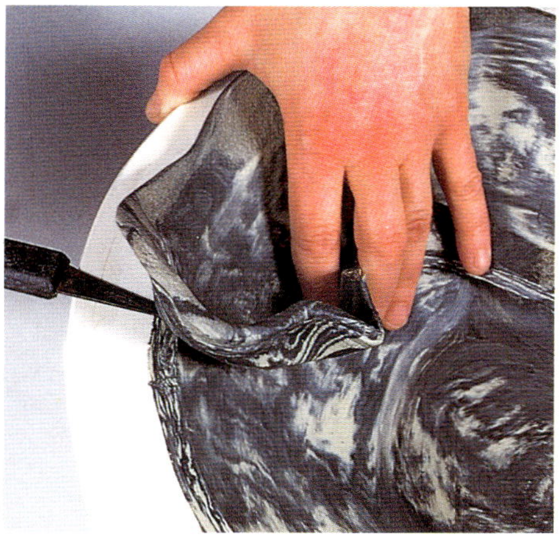

15 **Égalisation du bord**
Vous pouvez choisir de garder les ondulations du bord ; toutefois, si vous désirez un bord droit, coupez-le en suivant le rebord du moule avec un couteau, puis arrondissez le bord ainsi coupé avec un doigt mouillé ou un gabarit. Laissez le bol sécher.

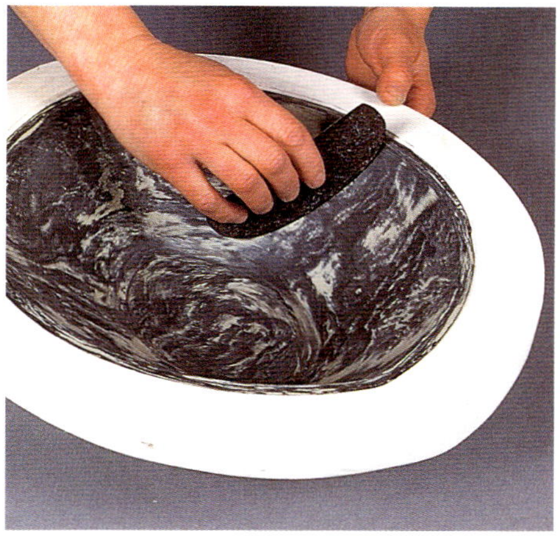

16 **Finition de la surface**
Lorsque le bol a légèrement dépassé la consistance du cuir, arasez la surface avec une raclette métallique. Puis démoulez le bol. Pour ce faire, posez une petite planche sur le moule et retournez ce dernier. Soulevez alors le moule, en laissant le bol à l'envers sur la planche. Reportez-vous à l'illustration 14 de la page 91 pour voir comment retourner le moule.

17 Avec un pinceau, appliquez de l'engobe coloré sur le rebord du bol, en utilisant celui qui a servi à colorer l'argile. Pour ce faire, il n'est pas nécessaire d'être particulièrement minutieux, puisque les éventuels dérapages et éclaboussures partiront au grattage.

18 Mettez un masque équipé d'un filtre à poussières. Avec une raclette métallique ou de la paille de fer, arasez et lissez la surface. (Si vous utilisez de la paille de fer, mettez des gants). Ce polissage final révélera le motif marbré dans tout son éclat.

Après avoir biscuité ce saladier à 1 100°C, on en a tapissé l'intérieur avec un émail transparent pour argile à grès. Puis on a essuyé les coulures d'émail à l'extérieur, avec une éponge humide. La cuisson a été effectuée à 1 280°C. Après quoi, on a poli l'extérieur non émaillé du saladier avec du papier de verre très fin préalablement mouillé et séché.

PLATEAU À HORS-D'ŒUVRE

Pour ce projet, on a confectionné un moule « massif ». Il s'agit d'un moule fait d'une seule pièce, de forme convexe, sur lequel on pressera l'argile, et non d'un moule en creux dans lequel on introduit l'argile. Vous pouvez fabriquer de tels moules à partir de formes en argile ou de n'importe quel objet. Ici, nous avons utilisé un récipient en plastique comme forme de départ. La matrice ne doit comporter aucune contre-coupe, sinon vous ne pourrez pas démouler le plâtre. La moindre irrégularité à l'intérieur de la matrice retiendra le plâtre sans espoir de récupération.

Le moule utilisé pour fabriquer ce plateau à hors-d'œuvre peut être confectionné de la même façon que celui du plat du projet suivant.

Si vous décidez de fabriquer votre propre moule en plâtre, profitez-en pour y ajouter un motif ou une texture. En sculptant le plâtre, vous pourrez réaliser une décoration selon vos souhaits, depuis une composition recherchée jusqu'à une texture abstraite grossière. Si vous utilisez un objet courant en guise de matrice, vous pouvez y disposer des motifs ou textures, avant de couler le plâtre. C'est ainsi que l'on aurait très bien pu placer de fines bandes d'argile dans le bac en plastique avant d'y couler le plâtre.

MATÉRIAUX

Récipient en plastique de taille convenable

3 kg 250 de plâtre et 2 litres d'eau, à mélanger

900 g d'argile souple

1 kg 700 de plâtre et 1 litre d'eau, pour le pied du moule

Papier-calque

3 kg 200 d'argile à grès blanche, bien préparée

Film plastique

OUTILS

Pichet

Lame de Surforme

Raclette courbe en métal rigide

Papier et crayon

Outil en fer à bout arrondi pour graver le plâtre

Rouleau

Aiguille

Pinceau

Couteau de potier

ÉQUIPEMENT

Planches plates

Étagère pour le séchage (facultative)

Tournette

Four

Gants en caoutchouc

Cônes pyrométriques 03, 7, 8, 9, 10

RENSEIGNEMENTS COMPLÉMENTAIRES

Pour une explication des termes techniques ou inconnus, voir le Glossaire, pages 138 à 140

1 **Fabrication du moule** Mélangez 3 kg 250 de plâtre sec à 2 litres d'eau, comme indiqué pages 20 et 21. Puis versez le plâtre obtenu dans le récipient en plastique propre, de sorte qu'il arrive à ras bords. Jetez aussitôt le reste du plâtre dans un sac en plastique, et non dans l'évier.

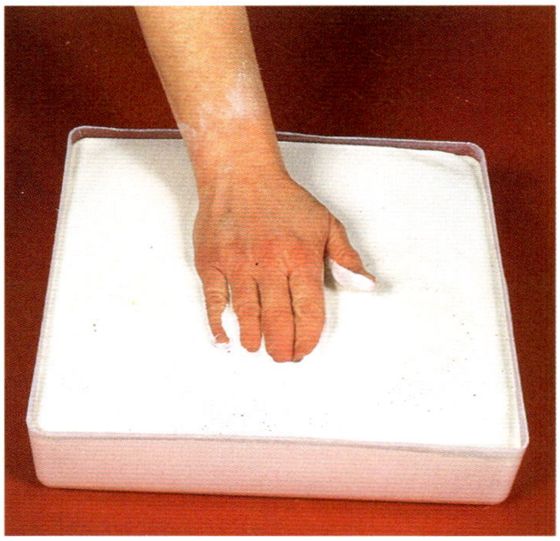

2 Posez votre main à la surface du plâtre et remuez doucement de bas en haut pour agiter la surface et éliminer les bulles d'air. Mettez des gants en caoutchouc si vous ne voulez pas vous abîmer les mains.

3 Fabrication du pied

Dès que le plâtre a pris, scarifiez profondément la surface en traçant des lignes croisées. Ces aspérités contribueront à renforcer l'adhérence de la base du moule au pied central qui lui sera ajouté par la suite.

4 Tout autour des scarifications, élevez un muret d'argile étanche de 4 cm de hauteur. Évasez légèrement les parois, ce qui donnera au pied un profil trapézoïdal rendant le moule beaucoup plus facile à saisir lorsqu'il sera à l'envers. Mélangez 1 kg 700 de plâtre sec à 1 litre d'eau et versez le plâtre obtenu dans le pied.

5 Gravure du dessin

Démoulez le bloc de plâtre et égalisez la surface avec une raclette en éliminant toutes les aspérités et en lissant les arêtes. Retournez alors le bloc pour révéler sa surface plate. Vous pouvez y reporter un motif que vous aurez préalablement dessiné sur du papier-calque et que vous graverez avec un outil en fer au bout arrondi. Conservez vos feuilles de papier-calque pour orner les plats du projet suivant.

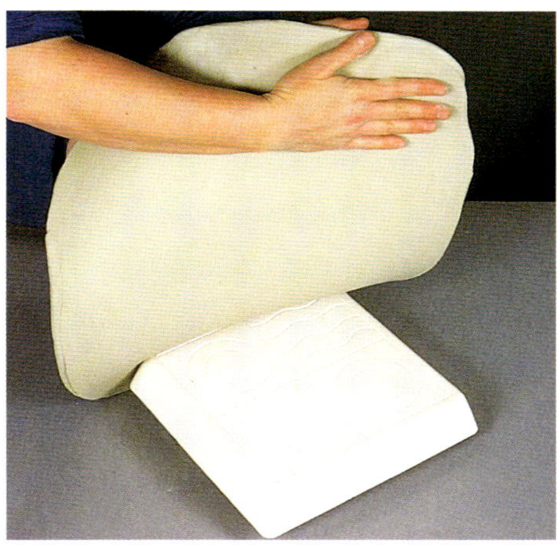

6 Pressage du plateau

Une fois le moule bien sec (voir page 79), fabriquez une plaque de 6 mm d'épaisseur avec 2 kg 700 d'argile souple. Soulevez la plaque en la posant sur vos avant-bras pour que les bords ne se déchirent pas, et placez-la au centre du moule. Pour déplacer de grandes plaques, servez-vous d'un linge ou d'une feuille de plastique.

7 Pressez fermement l'argile avec le plat de la main, en commençant par l'un des angles et en progressant vers le coin opposé. Ce mouvement contribuera à repousser les bulles d'air emprisonnées, tout en écrasant l'argile dans le motif gravé.

VARIANTE

Si vous ne trouvez pas une forme toute faite pour fabriquer votre plateau, utilisez la méthode traditionnelle de fabrication des moules « massifs ». Commencez par modeler un bloc d'argile pour obtenir la forme du plateau à l'envers. Suivez alors les étapes 5 à 8 de la page 85 pour confectionner un moule creux en plâtre, puis passez du savon mou en surface, en l'étalant avec une éponge pour faire de la mousse que vous éliminerez. Répétez ce processus jusqu'à ce que le plâtre ne puisse plus absorber d'eau : vérifiez en déposant une goutte d'eau à la surface. Suivez ensuite les étapes décrites pages 88 et 89 pour la confection du moule. Vous ne pourrez pas démouler le plâtre si vous ne l'avez pas assez savonné. Une autre solution consiste à tapisser tout l'intérieur du moule, y compris le bord, d'une fine plaque d'argile. Elle empêchera ainsi les deux masses de plâtre de coller ; laissez-la lisse ou gravez-y un décor.

8 Pressez l'argile jusque dans les angles du moule. Avec un rouleau à pâtisserie, égalisez la surface et les flancs. Lissez toute la surface avec une raclette en caoutchouc. Coupez le surplus d'argile en passant un couteau le long du bord inférieur du moule (voir page 95). Puis lissez la coupe en passant un doigt mouillé ou un gabarit en plastique tout autour du bord.

9 **Démoulage du plateau** Aussitôt que le plateau d'argile est assez sec pour pouvoir être retiré du moule, soulevez-le. Le principal danger avec les moules « massifs », c'est que l'argile ne puisse se rétracter en séchant, bloquée par la rigidité du moule. C'est pourquoi il ne faut pas trop tarder à démouler le plateau, au risque de le voir éclater.

10 **Fabrication des poignées** Avec l'argile restante, fabriquez une plaque de 6 mm d'épaisseur et pressez-la sur une partie du motif gravé du moule. Puis laissez sécher la plaque jusqu'à la consistance du cuir.

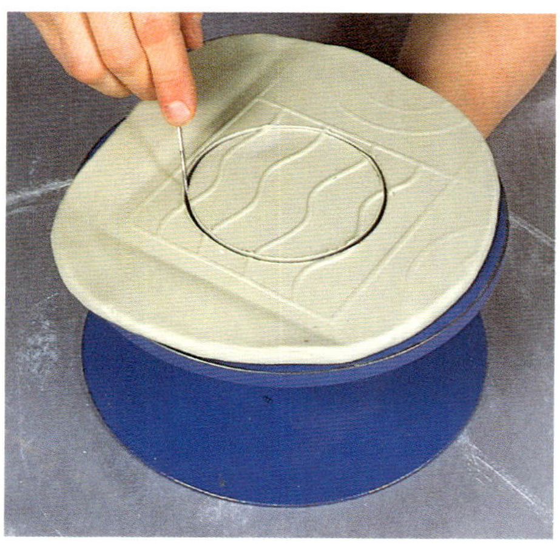

11 Posez cette plaque décorée sur une tournette ou la girelle d'un tour et, à l'aide d'une aiguille ou d'un couteau, découpez un cercle pendant la rotation. Lissez la coupe en passant un doigt mouillé ou un gabarit sur le bord et gravez une ligne le long du pourtour pour faire une bordure.

12 Coupez ce cercle en deux. Puis rétrécissez les deux poignées à la largeur désirée en coupant une bande de même largeur, du côté déjà sectionné, sur chacun des demi-cercles. Courbez alors les poignées, puis scarifiez et mouillez les tranches, ainsi que les endroits du plateau où elles viendront prendre place.

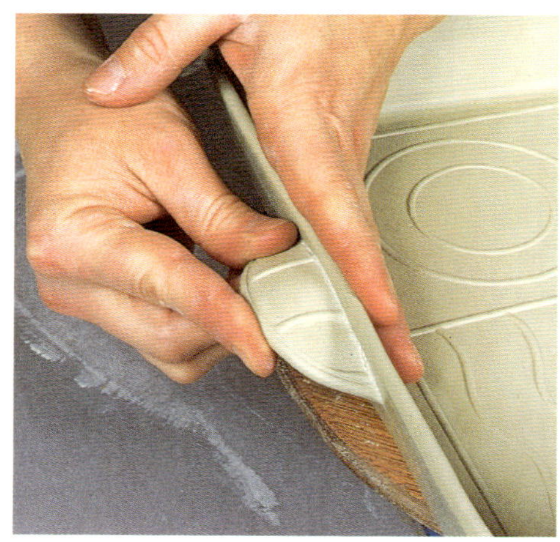

13 **Collage des poignées** Pressez fermement les poignées contre le plateau pour assurer un bon collage, tout en soutenant les parois de l'intérieur pour éviter qu'elles ne se déforment. Avec un pinceau mouillé, éliminez tout surplus d'argile près de la ligne de collage.

14 **Finition et séchage**
Posez une planchette sur le plateau, de telle sorte qu'il soit pris en sandwich entre deux planches plates. Puis, une main posée sur le dessus et l'autre main dessous, retournez le tout et enlevez la planche de façon à exposer la base du plateau.

15 Le plateau séchera de façon plus uniforme s'il est posé à l'envers ; en outre vous aurez ainsi accès au dessous des poignées et pourrez en renforcer le collage en y écrasant un colombin d'argile souple que vous lisserez en surface. Puis recouvrez complètement le plateau de papier journal, de façon à ce que le séchage se fasse lentement et régulièrement.

Après un biscuitage à 1 100°C, on a enduit la base du plateau de cire. Puis on a émaillé le plateau en versant, tant à l'intérieur que sur l'extérieur (voir page 49), un émail pour argile à grès transparent coloré en vert. On a obtenu cet émail en mélangeant 2 % d'oxyde de cuivre et 0,5 % d'oxyde de cobalt à un émail transparent prêt à l'emploi. La cuisson a été effectuée à une température de 1 280°C.

PLATS À HORS-D'ŒUVRE

MATÉRIAUX

Bois plat ou plexiglas, pour la base

Bois plat ou plexiglas, pour le gabarit

850 g de plâtre et 1/2 litre d'eau, à mélanger

900 g d'argile souple

Argile colorée bleue (120 g) et verte (120 g)

Papier-calque (utiliser les dessins du plateau à hors-d'œuvre, page 88)

OUTILS

Lame de Surforme

Raclette courbe en métal rigide

Rouleau

Pinceau

Couteau de potier

Papier de verre mouillé et séché

ÉQUIPEMENT

Planches plates

Pichet

Récipients en plastique

Gants en caoutchouc

Étagère pour le séchage (facultative)

Four

Cônes pyrométriques 03, 7, 8, 9, 10

RENSEIGNEMENTS COMPLÉMENTAIRES

Pour une explication des termes techniques ou inconnus, voir le Glossaire, pages 138 à 140

Plâtre et raclette.

Le profilage au gabarit est la méthode traditionnelle utilisée pour fabriquer des moulures de plafonds en plâtre, mais ce procédé convient également à la fabrication de moules pour céramiques. On peut aussi utiliser cette technique pour créer une forme en argile sur laquelle on coulera ensuite le moule en plâtre. C'est ainsi que l'on aurait très bien pu employer cette méthode pour fabriquer la forme en argile qui a servi à la confection du moule pour le bol ovale marbré (voir le projet de la page 84).

Plutôt que de graver un dessin, nous avons ici choisi d'utiliser de fines plaques d'argile colorée pour créer de brillants motifs à la surface du plat. Ces plats sont prévus pour accompagner le plateau du projet précédent, le décor en argile colorée faisant écho à celui qui est gravé sur ce plateau.

Comme pour toutes les autres techniques, il est important de faire des essais. Disposez l'argile colorée dans votre moule de différentes manières, en mêlant de fines plaques, des colombins roulés à la main ou extrudés, ou encore de petites boulettes d'argile, de façon à créer des motifs séparés ou se chevauchant. Les possibilités de décoration sont illimitées.

1 **Gabarit profilé**
Dans du bois ou du plexiglas, découpez un gabarit de la forme du profil des plats. Utilisez une scie à découper, puis arrondissez le bord de la découpe avec une lime et poncez-le. Fabriquez un carré de bois aux bords arrondis. Sa taille déterminera celle du moule. Percez deux trous dans ce carré ; ils se rempliront de plâtre et maintiendront la forme en place.

2 Le gabarit doit comporter une découpe droite à la base, d'une hauteur égale à l'épaisseur du carré de bois. Cela dessine un décrochement qui permet au gabarit de bien suivre le bord de la base. De plus, cette coupe droite doit s'avancer davantage que la découpe des parois, ce qui dessine un autre petit décrochement, de façon à créer un renfoncement qui formera le pied du moule.

3 **Modelage du plâtre** Mélangez 850 g de plâtre avec 1/2 litre d'eau, comme indiqué pages 20 et 21. Une fois que le plâtre est suffisamment épais pour conserver une forme, versez-le sur la base. Nous vous conseillons de porter des gants en caoutchouc pour ne pas vous abîmer les mains.

4 C'est maintenant une course contre la montre, car le plâtre prend très vite. Avant que cela se produise, tirez le gabarit le long de tous les bords de la base pour ôter le plâtre en excès sur les côtés et faire apparaître la forme du moule.

5 Continuez à déplacer le gabarit tout autour de la base, en le poussant bien le long des bords du carré de bois pour enlever encore du plâtre. Pour travailler plus facilement sur toutes les faces, vous pouvez faire tourner la base.

6 Puis rajoutez du plâtre frais au sommet du moule, afin de compléter la forme, et continuez à déplacer le gabarit pour monter les parois du moule.

7 Les quatre côtés doivent être terminés avant que le plâtre prenne. Continuer à tirer le gabarit alors que le plâtre devient « farineux » n'aurait pour effet que de laisser les parois du moule rugueuses, et l'excès de plâtre au sommet du moule devrait être raboté.

8 **Polissage des surfaces** Après avoir rincé vos gants ou vos mains (dans une bassine et non dans l'évier), jetez les déchets de plâtre à la poubelle. Lorsque le plâtre est dur, il est temps d'égaliser les surfaces avec une lame de Surforme. Éliminez la couche rugueuse de la surface, pour obtenir des parois bien lisses, ainsi que l'excès de plâtre au sommet du moule.

9 À l'aide d'une raclette métallique, lissez soigneusement toutes les faces et arrondissez les angles. Vous pouvez encore polir le moule avec du papier de verre préalablement mouillé et séché. Assurez-vous qu'il ne reste aucune arête susceptible de déchirer la plaque d'argile que vous poserez par la suite sur le moule.

10 **Le moule terminé**
Une fois le polissage terminé, laissez le moule sécher (voir page 79). Vous remarquerez le renfoncement qui forme le pied à la base du moule. Il sera ainsi plus facile de couper l'argile au ras du bord et de saisir le moule lorsqu'il sera posé à l'envers.

11 **Décors en argile colorée**
Confectionnez de fines plaques d'argile colorée (voir page 78). Ces plats sont assortis au plateau du projet précédent ; il est donc préférable de reporter sur les plaques d'argile les motifs des feuilles de papier-calque qui vous ont servi à graver le moule du plateau. Découpez les formes ainsi obtenues et ne les laissez pas sécher.

12 Avec un rouleau à pâtisserie, étalez 900 g d'argile à grès blanche souple, de façon à obtenir une plaque de 5 mm d'épaisseur. Ne la laissez pas sécher, car elle doit adhérer aux plaques colorées. Posez ces dernières sur le moule renversé, en veillant à bien les disposer, puis mouillez-en la surface.

13 **Pressage du plat**
Ne laissez surtout pas sécher les plaques colorées, mais posez immédiatement la plaque d'argile blanche par-dessus, bien au centre, en ayant soin de ne pas les déplacer. Pressez la plaque contre le moule et repoussez l'argile jusque dans les angles, comme indiqué page 90.

14 Passez le rouleau à pâtisserie sur l'argile pour aplatir la surface. Les flancs peuvent également être égalisés au rouleau. Lissez ensuite toute la surface à l'aide d'une raclette en caoutchouc.

15 Découpez les bords avec un couteau de potier, en faisant glisser le couteau le long du rebord du moule, ce qui vous donnera une coupe droite et régulière. Lissez les bords avec un doigt mouillé ou un gabarit. C'est à ce stade que vous pourrez, si vous le souhaitez, ajouter des petits morceaux de plaque d'argile pour fabriquer des pieds ou des poignées.

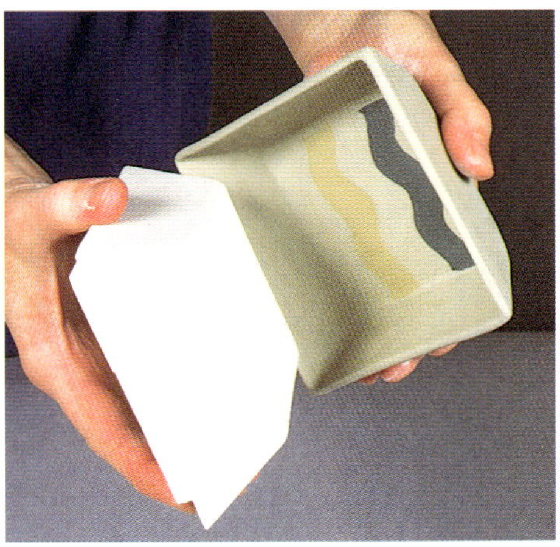

16 **Démoulage**
Dès que le plat n'adhère plus au moule, il faut l'enlever. Si vous le laissez dépasser le stade de la consistance du cuir sans le démouler, il risque de se briser dans les coins, au moment où l'argile se rétractera. Posez le récipient à l'envers pour le laisser sécher : le séchage sera ainsi plus homogène que si le plat reposait sur sa base.

Après un biscuitage à 1 100°C, on a enduit la base des plats de cire. On a ensuite trempé les plats dans un émail transparent pour argile à grès et on a essuyé la base des plats avec une éponge humide pour retirer toute trace d'émail. La cuisson a été effectuée à 1 280°C. Ces plats ont été conçus pour s'emboîter dans le plateau à hors-d'œuvre du projet précédent.

Donner une forme à de l'argile qui tourne sur la girelle est un véritable plaisir. Admirer le processus et apprendre en travaillant, comme dans toute fabrication de céramiques, est plus important que le pot en train de se faire. Mais l'habileté à tourner de belles formes ne s'acquiert pas en une nuit.

Le succès ou l'échec dépendent directement de la façon dont on aborde l'apprentissage : jeu agréable ou travail harassant. Si vous sentez que vous êtes tendu et mécontent, arrêtez et reposez-vous. N'oubliez pas l'importance de la respiration dans le travail au tour.

Il est difficile de diviser le montage au tour en étapes séparées, car il s'agit d'un processus fluide. Ajoutez à cela le fait qu'il y a de nombreuses façons de procéder et que les potiers adoptent souvent des positions de mains différentes, et vous comprendrez qu'il est très important pour les débutants d'assister à des démonstrations chaque fois que c'est possible – que ce soit dans des stages ou même sur des vidéocassettes.

La visite de poteries et l'achat de céramiques faites à la main vous offriront de nombreuses occasions d'apprendre, tout d'abord auprès des potiers eux-mêmes, ensuite au contact des pots que vous aurez acquis. L'utilisation d'un pichet bien pensé, fait à la main, vaut en effet toute une bibliothèque.

Lorsque vous travaillez au tour, rappelez-vous deux règles d'or : vous devez toujours utiliser de l'argile bien préparée, et vous devez appliquer une pression douce et régulière à l'argile en giration, puis, une fois la forme obtenue, relâcher la pression très lentement et régulièrement avant d'éloigner vos mains.

Pour le travail au tour, il est utile de peser l'argile pour faire des mottes égales. Préparez au moins une douzaine de mottes d'argile et mettez-les dans un récipient hermétiquement fermé pour qu'elles ne sèchent pas. Le fait de façonner plusieurs fois la même forme à partir de mottes calibrées permet de mieux comprendre une forme et sa fabrication.

Lorsque l'ébauche a atteint la consistance du cuir, on peut la terminer au tour. Il est essentiel que le pot ne soit pas trop mou – car il se déformerait – ni trop sec – car l'argile ne se détacherait pas aussi bien. Avant d'acheter un tour de potier, essayez le plus grand nombre possible de modèles, pour trouver celui qui vous convient.

Ci-dessus : **Sheila Casson**. *Théière « émaillée au sel ». Forme montée au tour et modifiée, décorée à l'engobe bleu.*
En haut, à gauche : **Jonathan Keep**. *Cafetière. Semi-porcelaine montée au tour, engobe appliqué au pinceau.*

LE MONTAGE AU TOUR

John Jelfs
Théière. Argile à grès du Dorset, montée au tour, détails estampés.

Michael Casson O.B.E.
Pichet « émaillé au sel ». Monté au tour, bec et poignée modelés, décoration à l'engobe suivie d'un brossage avec une raclette en caoutchouc découpée.

Emanuel Cooper
« Jug Boat ». Porcelaine, montée au tour et modelée, poignée et bec en plaques rapportées.

Asa Hellman
« Zig-Zag ». Argile à grès, assiette en plaque avec rebord monté au tour, engobe sur réserve de cire.

BOL À SOUPE

De par sa forme simple, ce bol à soupe, destiné à un usage domestique, est idéal pour un premier contact avec le montage au tour. Il possède un épais bord arrondi, et une base large et stable, avec un rebord qui vous assurera une bonne prise lorsque vous tremperez le bol dans l'émail. La courbure intérieure correspond à celle d'une cuillère. Le rebord large et plat n'a pas seulement un but décoratif, mais permettra aussi de mieux saisir le bol lorsqu'il sera plein de soupe chaude.

On s'est servi de cire chaude à la fois comme réserve – avant d'émailler le bol, on a enduit la base de cire pour qu'elle n'absorbe pas d'émail – et pour la décoration faite avec l'émail au cobalt. Lorsque vous utilisez de la cire chaude, vous ne devez jamais oublier qu'il s'agit d'une matière inflammable et qu'elle brûlera si vous la chauffez trop. Il est plus sûr de la faire chauffer dans un récipient muni d'un thermostat. Quoi qu'il en soit, faites attention de ne pas mettre le feu et de ne pas la renverser sur quelqu'un ! Mis à part les risques d'incendie, l'autre inconvénient de la cire chaude est qu'il est difficile d'ôter des gouttes tombées sur un pot biscuité. La seule méthode efficace consiste à biscuiter à nouveau le pot pour brûler la cire.

MATÉRIAUX

12 mottes de 700 g d'argile à grès blanche, bien préparée (voir pages 10 à 13)

Eau

Un carré de mousseline de 30 cm de côté

Cire de bougie ou de paraffine

Émail blanc ou transparent pour argile à grès

Mélange d'émail et de bleu de cobalt

OUTILS

Éponge

Raclette métallique souple

Bande de plastique pliée dans un étui de film 35 mm

Fil à couper

Outils pour le tournage (voir pages 8 et 9)

Outil en plastique improvisé (facultatif)

Roulette à décorer (facultative)

Pinceau pour la cire

Pinceau pour appliquer l'émail au cobalt

ÉQUIPEMENT

Balance pour peser l'argile

Récipient avec couvercle

Tour

Planches plates

Appareil à thermostat pour faire fondre la cire

Tournette

Four

Gants en caoutchouc

Cônes pyrométriques 03, 7, 8, 9, 10

RENSEIGNEMENTS COMPLÉMENTAIRES

Pour une explication des termes techniques ou inconnus, voir le Glossaire, pages 138 à 140

1 Fixation de l'argile sur la girelle
Posez une motte d'argile souple sur la girelle sèche, aussi près que possible du centre. Vous remarquerez la base convexe de la motte : avec cette forme, on risquera moins d'emprisonner de l'air sous l'argile en posant la motte.

2 La girelle étant immobile, pressez la motte d'argile vers le bas pour la fixer fermement au tour. Notez que la motte d'argile se présente sous la forme d'un cône symétrique, plus facile à positionner qu'une forme irrégulière.

3 Mouillez à la fois l'argile et vos mains. Il doit toujours y avoir suffisamment d'eau pour que l'argile puisse glisser sous vos doigts. Si elle sèche sous vos mains, elle collera et le frottement engendrera une déformation du pot.

4 **Le centrage**
Faites tourner la girelle dans le sens inverse des aiguilles d'une montre. Pour plus de stabilité, calez votre coude gauche sur le bord de la table et appuyez votre main gauche contre le flanc gauche de la motte. Pressez l'argile, en prenant garde de ne pas toucher la girelle – vous vous érafleriez en effet la tranche de la main. Appuyez avec votre main droite sur le sommet de la motte, puis faites-la doucement glisser sur le côté droit.

5 Commencez par appuyer fermement sur la motte avec votre main droite, puis relâchez progressivement la pression au fur et à mesure que votre main descend sur le côté, de telle sorte que la pression soit très faible lorsque vos deux mains se trouveront face à face. Puis éloignez lentement vos deux mains de la motte.

6 Remettez de l'eau sur l'argile et mouillez vos mains, puis recommencez les étapes 4 et 5. Vous remarquerez la forme du bloc d'argile qui présente une rainure à la base pour lui donner l'aspect d'une boule, plus facile à contrôler qu'une forme qui s'étalerait sur la girelle. On creuse cette rainure par une pression de la main gauche à partir d'une ligne qui va du pouce au petit doigt.

7 **Fabrication de la base**
Essayez de centrer l'argile sans répéter plus de trois fois les étapes précédentes. Elle sera centrée si vos mains, légèrement posées sur la motte, restent immobiles et si vous ne sentez aucune bosse. Commencez à creuser en pressant au centre avec les pouces ou les index, à un régime de rotation assez élevé. Laissez de l'eau dans le trou pour empêcher l'argile de sécher.

8 Prenez garde de ne pas pousser trop profondément, car vous auriez alors une base trop fine. Une fois que, par la pression de vos doigts, vous aurez obtenu une base d'environ 1 cm d'épaisseur, agrandissez-la à la largeur désirée en tirant vos doigts sur les côtés, puis retirez vos mains de l'argile. Si vous souhaitez que le bol ait un profil courbe, ne laissez pas la base plate, mais arrondissez-en l'intérieur.

9 À présent, pressez la base (voir pages 10 à 13) avec fermeté, en déplaçant vos doigts du centre vers l'extérieur à deux ou trois reprises, en prenant garde de ne pas trop amincir la base. Cette pression subie par les particules d'argile, dans le même sens que les parois, les aligne et leur permet de sécher de façon plus homogène, ce qui évite que des craquelures en forme de « S » ne se forment à la base au moment du séchage.

10 Ajoutez de l'eau sur les parois du pot ; pour ce faire, tenez l'une de vos mains à la verticale, en plaçant deux doigts de part et d'autre de la paroi d'argile, et laissez couler de l'eau le long de vos doigts et le long des parois du pot. Épongez l'excès d'eau qui pourrait s'accumuler dans le bol ; il ne faut *jamais* laisser de l'eau stagner dans le fond du bol, car cela affaiblirait tant la base que les parois.

11 **Amincir les parois**
Placez les doigts de votre main gauche à la base et à l'intérieur du bol, ceux de votre main droite leur faisant face à l'extérieur, et joignez vos deux pouces de sorte que les deux mains travaillent comme un seul instrument. Puis rapprochez doucement vos deux mains pour écraser l'épaisseur d'argile et commencez à monter les parois en tirant vos doigts vers le haut.

12 Travaillez toujours sur le côté droit du pot lorsque le tour tourne dans le sens inverse des aiguilles d'une montre, qu'il s'agisse de gagner en hauteur ou en largeur. Continuez à monter le long de la paroi jusqu'à ce que vos doigts arrivent au sommet. Là, relâchez doucement la pression et ôtez vos mains de l'argile. Pour les étapes 11 et 12, calez votre bras droit sur le bord de la table ou bloquez-le le long de votre buste, pour plus de stabilité.

13 **Mise en forme du bol**
Si vous désirez un rebord large et plat, laissez le surplus d'argile en haut de la paroi et évasez légèrement le bord du bol, de façon à ce qu'il se démarque de la forme principale. La force centrifuge favorise toujours l'élargissement et rend plus difficile le rétrécissement.

14 Lorsque le bol a atteint sa hauteur définitive, donnez au corps sa courbure. Placez votre main gauche à l'intérieur du pot et poussez doucement la paroi vers l'extérieur, afin de poursuivre la courbure de la base, tout en pressant plus légèrement votre main droite contre la paroi extérieure pour contenir la forme.

15 **Lissage des surfaces**
Lorsque vous aurez donné au bol la forme désirée, vous pourrez soit laisser les traces du montage au tour, soit lisser les surfaces avec une raclette métallique, comme on le voit faire ici. Tenez fermement la raclette dans votre main droite, dans le prolongement de vos doigts, et appuyez-la sur toute sa largeur le long du bol. En même temps, maintenez la paroi, de l'intérieur, avec votre main gauche.

16 Retirez le surplus d'argile de la base, en utilisant un outil pointu en forme de coin. Cette découpe est très importante, car elle facilitera le décollement du bol de la girelle. Laissez tout de même un surplus d'argile sous la base du bol pour pouvoir confectionner un large pied circulaire lorsque le pot aura atteint la consistance du cuir.

17 Égalisez l'intérieur du bol à l'aide d'une raclette métallique. Pour ce faire, placez la raclette contre le haut de la paroi et faites-la descendre jusqu'au centre du bol, puis retirez-la. N'oubliez jamais que, dans tous vos contacts avec de l'argile en rotation sur le tour, vous devez vous efforcer d'appliquer une pression régulière et d'éviter les mouvements brusques.

18 **Finition du bord**
Éliminez toutes les bavures et arrondissez le bord en l'entourant *légèrement* avec l'extrémité repliée d'une bande de plastique. N'appuyez surtout pas, car le bord deviendrait trop mince. On a fabriqué une poignée pour le plastique en introduisant l'une de ses extrémités dans une boîte d'emballage de film 35 mm et en remettant le couvercle. Cela évite de le perdre parmi les déchets d'argile.

19 **Détacher le pot du tour**
Versez de l'eau sur la girelle, en prenant bien garde de ne pas en introduire dans le bol. Prenez un fil à couper que vous tiendrez fermement au niveau de la girelle, tout en essayant de le glisser sous le pot. Appuyez bien le fil contre la girelle afin de ne pas entamer la base du pot.

20 Répétez ce processus jusqu'à ce que vous ayez entraîné suffisamment d'eau sous le pot pour qu'il puisse glisser facilement. Faites-le ainsi glisser sur vos mains posées bien à plat, en ayant soin de ne pas toucher les parois.

21 Posez délicatement le pot sur une planche plate, propre et absorbante. Le processus de décollement du pot aura laissé de l'eau sur la girelle ; aussi, avant de commencer une autre pièce, prenez une raclette courbe en métal et passez-la en travers de la mince couche centrale d'argile pour retirer le surplus d'eau et laisser une fine couche d'argile collante, idéale pour bien fixer la pièce suivante.

22 **Séchage et finition**
Laissez sécher le pot jusqu'à la consistance du cuir. Centrez une grosse motte d'argile de 2 kg 500 sur la girelle pour confectionner un plot (ce qui peut être fait en deux étapes ; voir page 117). Le sommet doit être plat, avec des bords arrondis, et avoir le même diamètre que celui de la base intérieure du bol. Posez une fine mousseline de coton par-dessus, en évitant de faire des plis dans le tissu.

23 Posez le bol à l'envers sur le plot : la mousseline empêchera l'argile de coller. Ajustez le bol de façon à ce qu'il soit bien horizontal sur le plot ; ce dernier maintiendra automatiquement le bol au centre. Il est très important que le bol soit parfaitement ajusté sur son plot. Puis ôtez l'excès d'argile de la base du bol.

24 **Tenir le pot sur le plot**
Pendant la rotation, appuyez sur le pot avec votre main gauche, afin de contrebalancer la pression de l'outil et éviter que le pot ne soit chassé de son support. Ici, on a choisi de donner une forme arrondie au pied en anneau et on dessine un autre anneau biseauté juste sous le pied principal du bol.

25 **Lissage des surfaces**
Vous pouvez laisser les traces de décolletage et de tournage sur l'argile, en guise de décoration, ou les effacer avec un outil plat, comme par exemple une raclette métallique. Vous pouvez en outre lisser la surface en utilisant des instruments en plastique faits maison et soigneusement poncés ; choisissez du plastique rigide, comme celui des cartes de crédit périmées.

26 **Roulette décorative**
Vous pouvez aussi utiliser une roulette pour ajouter des détails (vous obtiendrez le même résultat avec une roulette à raviolis). Ici, on imprime un motif en zigzag sur l'anneau biseauté dessiné à l'étape 24. La roulette est avant tout décorative, mais elle peut également servir à indiquer la ligne au-dessous de laquelle l'émail devra être essuyé avant la cuisson.

27 Application de cire sur le bol biscuité

Après avoir biscuité le bol, enduisez la base de cire, afin de constituer une réserve. Vous pouvez utiliser de la bougie. Si la cire est fragile et se détache, ajoutez une demi-cuillère à café de paraffine pour deux bougies fondues. N'en mettez pas plus, car la cire serait alors trop collante. **Attention : la paraffine rend la cire encore plus inflammable**.

28 Émaillage du bol

Avec des gants en caoutchouc, remuez soigneusement un émail blanc ou transparent, en vous assurant que sa consistance est correcte (voir pages 16 à 19). En tenant le bol par le pied, trempez-le entièrement dans l'émail pendant deux secondes, puis retirez-le et laissez-le égoutter au-dessus du récipient. Plongez-le par le côté, et non face vers le bas, afin de ne pas emprisonner d'air sous la coupole, ce qui laisserait le fond non émaillé.

29 Décoration à la cire

Essuyez les éventuelles gouttes d'émail se trouvant sur la cire du pied. Enduisez de cire toutes les parties que vous souhaitez conserver en blanc pour la décoration. Ici, on utilise une tournette : la main tenant le pinceau reste immobile pendant que la roue tourne. Vous pouvez également, bien sûr, vous servir du tour. On a aussi appliqué au pinceau des traits de cire chaude en diagonale, tant à l'intérieur qu'à l'extérieur du bol.

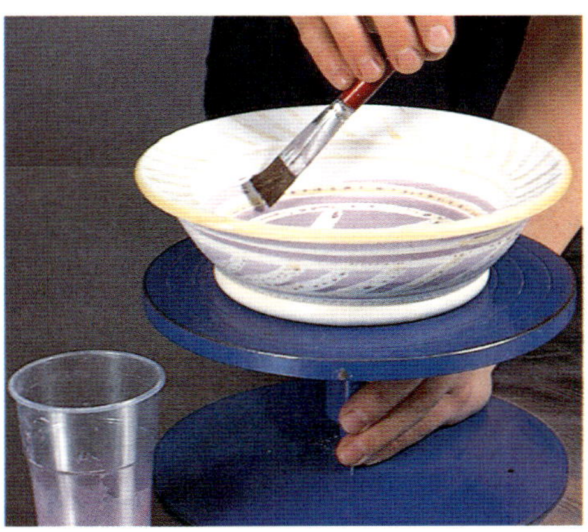

30 Émaillage

Décorez alors votre bol avec de l'émail. Ici, on a utilisé un mélange de bleu de cobalt. L'application de l'émail au pinceau laisse des lignes là où deux coups de pinceau se superposent. Veillez à ne pas passer plus d'une fois au même endroit pour éviter que la couche d'émail ne soit trop épaisse ou qu'elle ne se détache. Faites des essais de couleurs et d'émaux avant usage.

Après un biscuitage à 1 100°C, on a trempé le bol dans un émail transparent mélangé à 8 % d'oxyde d'étain. Puis on l'a décoré et cuit à 1 280°C. L'émail au bleu de cobalt présente des mouchetures caractéristiques à l'endroit où la réserve de cire a été appliquée, ce qui donne un effet de « batik ». Comme la cire brûle durant la cuisson, il faut que le four soit situé dans une pièce inhabitée, bien aérée.

MATÉRIAUX

15 mottes de 450 g d'argile à grès blanche, bien préparée

Eau

Un carré de mousseline de 30 cm de côté

Émail pour argile à grès (voir pages 16 à 19)

OUTILS

Éponge et éponge fixée sur une baguette

Raclette métallique souple

Bande de plastique pliée dans un étui de film 35 mm

Fil à couper

Outils pour le tournage (voir pages 8 et 9)

Outil en plastique improvisé (facultatif)

Vrille

Couteau de potier

Aiguille

Pinceau

Rouleau

Règle ou autre outil à bord droit

ÉQUIPEMENT

Balance pour peser l'argile

Récipient avec couvercle

Vaporisateur

Tour

Planches plates

Four

Gants en caoutchouc

Cônes pyrométriques 03, 7, 8, 9, 10

RENSEIGNEMENTS COMPLÉMENTAIRES

Pour une explication des termes techniques ou inconnus, voir le Glossaire, pages 138 à 140

PETIT PICHET

En général, il est plus difficile de monter au tour des formes hautes que des formes larges. Vous aurez donc peut-être à cœur de relever le défi que représente ce petit pichet. La plupart des pots montés au tour commencent par être des formes plates et basses, ou des cylindres, comme pour ce pichet – transformable en tasse si l'on ne découpe pas le bec. Les possibilités infinies du cylindre en font une forme qu'il faut savoir maîtriser.

L'argile absorbe l'eau par contact et plus elle reste longtemps sur le tour, plus elle absorbe d'eau. Dans l'idéal, le cylindre devrait atteindre sa hauteur définitive en trois mouvements ascendants : en effet, si vous passez trop de temps à former et amincir les parois, celles-ci absorberont trop d'eau et commenceront à s'affaisser. Il est également important que les parois soient d'une épaisseur égale ; pour cela, il faut que vous déplaciez vos mains lentement sur l'argile. Les mouvements brusques provoquent des irrégularités dans l'épaisseur, ce qui affaiblit le pot. Si un pot s'affaisse, il peut être intéressant d'effectuer une coupe sur toute la longueur pour vérifier s'il y a des parties plus épaisses que d'autres ; cela vous renseignera et vous aidera à améliorer votre technique.

Une fois le montage au tour achevé, il est indispensable de vaporiser un peu d'eau sur le pot et de le couvrir de papier journal humide pendant 20 minutes. Cela contribuera à ramollir légèrement l'argile et vous pourrez ainsi découper le bec sans risquer que le pot ne se craquelle.

AVERTISSEMENT

Si l'épaisseur de la paroi d'un pot est irrégulière, il y a un risque que le pot se fissure par choc thermique, lorsque vous y verserez de l'eau bouillante ou des aliments chauds, ou encore lorsque vous le mettrez au four. Il présente par conséquent un danger pour vous et votre entourage. Il est également essentiel que les pots destinés à recevoir des aliments ou des liquides chauds, ou bien à être utilisés dans un four, soient recouverts d'un émail adéquat, appliqué à une épaisseur correcte et adapté à l'argile, et qu'ils soient cuits à la bonne température et pendant le temps qui convient. Renseignez-vous auprès de votre fournisseur de matériaux. Il faut aussi que les poignées des pots soient solides et bien collées. Si vous avez le moindre doute sur l'un de ces points, ne glissez pas vos pots dans le four et ne les utilisez pas pour contenir des boissons ou des aliments chauds. Ces conseils s'appliquent bien évidemment à toutes les poteries et pas seulement aux tasses ou aux bols.

1 Centrage et ébauche de la base

Préparez 15 mottes de 450 g d'argile un peu plus ferme que pour le travail précédent et conservez-les dans un récipient fermant hermétiquement. Lorsqu'on monte au tour des pièces hautes, l'argile trop molle a tendance à s'affaisser. Suivez les étapes 1 à 7 des pages 98 et 99 pour centrer l'argile et donner forme à la base. Le diamètre interne doit être de 4 cm. Puis pressez la base comme à l'étape 9, page 100.

2 Amincir les parois

Remouillez l'argile. Glissez votre main gauche dans le pot, les doigts touchant le fond, face au côté droit du pot. Avec vos doigts de la main droite, pressez la paroi extérieure au niveau de la base, de façon à ce que les doigts des deux mains se fassent face. Puis pincez doucement l'argile entre vos deux mains et commencez à les monter le long de la paroi du pot.

3 Continuez à pincer et à étirer la paroi d'argile. Si l'argile sèche et commence à coller ou à se tordre, relâchez doucement la pression et retirez vos mains du pot. Mouillez alors l'argile en surface et éliminez le surplus d'eau à l'intérieur du pot, à l'aide d'une éponge montée sur une baguette. Puis reprenez le processus de montage.

4 Continuez à étirer la paroi du pot jusqu'à ce que vous ayez atteint le sommet, puis relâchez la pression lorsque vos doigts sont sur le bord supérieur du pot. N'éloignez vos mains que lorsque vous avez cessé toute pression et que vos doigts ne font qu'effleurer l'argile.

5 Humidifiez à nouveau l'argile en pressant une éponge mouillée sur le dos de votre main et en laissant l'eau couler sur vos doigts, placés de chaque côté de la paroi. Éliminez l'eau tombée à l'intérieur du pot avec une éponge montée sur une baguette.

6 Glissez votre main gauche dans le pot, jusqu'à la base, et montez la paroi, comme précédemment. Notez l'épaisseur d'argile, là où les doigts de la main gauche, juste au-dessus de ceux de la main droite, repoussent la paroi. Servez-vous des doigts de votre main droite pour remonter ce bourrelet jusqu'au sommet pour former le bord.

7 Consolidation des parois
Si, en cours de travail, l'argile commence à trembler, mouillez l'extérieur du pot et prenez la base du pot entre vos deux mains. Enserrez doucement l'argile tout en remontant lentement vos mains le long de la paroi jusqu'au sommet, puis relâchez lentement la pression et éloignez vos mains du pot. Ce geste recentre l'argile et augmente la hauteur du pot.

8 Lissage de la surface
Vous pouvez soit laisser les traces de tournage sur l'argile, soit les éliminer à l'aide d'une raclette métallique. Pour lisser la surface, tenez fermement la raclette de la main droite et appuyez-la sur toute sa largeur contre le pot. Mettez votre main gauche dans le pot, en suivant les déplacements de la main droite pour pousser l'argile contre la raclette.

9 En lissant la paroi, vous pouvez incurver la raclette métallique pour donner à votre pot une légère courbure. Si vous souhaitez créer un décrochement, pressez l'angle de la raclette contre la paroi d'argile.

10 Rétrécir la forme
Vous pouvez rétrécir le haut du pot en le pressant délicatement ou en l'étranglant entre les pouces et les index. Lorsque vous effectuez un mouvement de rétrécissement, il est préférable d'augmenter le régime de rotation du tour.

11 Pour évaser le haut du pichet, placez la courbure de la raclette près du bord. Il faut tenir la raclette oblique, comme pour polir l'argile. Appuyez doucement l'argile contre la raclette avec votre main gauche placée à l'intérieur du pot. La raclette doit toujours soutenir la forme pour éviter qu'elle ne s'affaisse.

12 Lissage du bord
Enveloppez légèrement le rebord du pot avec un morceau de plastique replié, comme indiqué ci-dessus, en veillant à ce que l'autre extrémité du plastique ne touche pas l'argile. Cela contribuera à arrondir le bord et à éliminer toutes les bavures qui, sinon, sécheraient et deviendraient coupantes une fois cuites.

13 Au moyen d'un outil pointu en forme de coin, retirez l'excès d'argile tout autour de la base. Le bourrelet d'argile qui reste sous la base vous servira à confectionner un pied en anneau, une fois que le pot aura atteint la consistance du cuir.

14 **Décollement du pot**
Essuyez le surplus d'eau sur la girelle, puis tendez un fil à couper entre vos mains. Appliquez-le bien contre la girelle, en le maintenant avec vos pouces, de telle sorte qu'il n'entame pas l'argile du pied lorsque vous le tirerez sous le pot.

15 Séchez-vous bien les mains avec une vieille serviette : si elles sont humides, elles glisseront sur l'argile et vous n'aurez aucune prise. Entourez le pot de vos mains et soulevez-le doucement de la girelle. Vous pouvez l'incliner légèrement vers vous pour supprimer le phénomène de succion qui le retient au plateau. Posez-le sur une étagère propre et plate, et laissez-le sécher, en évitant les courants d'air.

16 **Découpe du bec**
Laissez sécher le pot jusqu'à la consistance du cuir (voir page 15) et finissez la base (voir page 102). Puis découpez le haut du pot pour former un bec. Commencez par percer un trou avec une vrille – et non avec un couteau, car il créerait un point faible qui risquerait de céder – au point le plus bas de la découpe, de chaque côté. Coupez ensuite avec un couteau.

17 Passez un doigt mouillé sur la découpe pour l'arrondir. Vous pouvez aussi, à partir d'un morceau de plastique, fabriquer un outil pour arrondir et aplatir les bords. Prenez garde de ne pas déformer le pot en le manipulant.

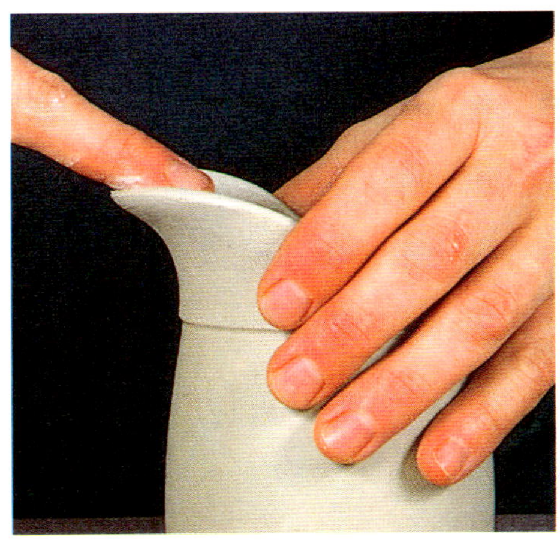

18 **Mise en forme du bec**
En maintenant les deux côtés du bec entre le pouce et l'index d'une main, frottez l'index mouillé de l'autre main sur l'extrémité du bec, afin de l'abaisser. Le pichet versera ainsi bien mieux. Veillez à ne pas appuyer trop fort sur le bec, car vous risqueriez de fendre l'argile. Prenez également garde de ne pas trop amincir le bec, car il pourrait se briser à l'usage.

POIGNÉES

Il est essentiel que les poignées soient solidement fixées sur la vaisselle. Pour de bons collages, l'argile ne doit *jamais* avoir dépassé le stade de la consistance du cuir – plus elle est molle, mieux c'est. Si les poignées ou le pot ont dépassé ce degré de séchage, ils se briseront. Le séchage doit être lent et régulier (voir pages 14-15). Les poignées ne sont pas seulement utilitaires, mais aussi décoratives ; il est donc important de faire des essais. Vous pouvez, par exemple, y incorporer de l'argile colorée. Étudiez les poignées des pots que vous avez chez vous et créez des variantes à partir de vos modèles préférés. Il existe plusieurs façons de coller une poignée : on peut lisser les joints de sorte qu'ils se fondent dans la paroi du pot, comme si la poignée était une ramification ; on peut aussi en faire des éléments de décor, en les recouvrant d'une petite moulure à ramages, par exemple – les possibilités sont infinies.

19 **Fabrication de la poignée** Dans une plaque d'argile d'une épaisseur de 1 cm, coupez une bande de 2 cm de large et de 16 cm de long. Posez un rouleau à pâtisserie bien propre sur la longueur de la bande et aplatissez les bords, de chaque côté, en laissant le milieu de la bande épais.

20 En vous servant d'une règle, coupez une fine lanière de chaque côté de la bande, de façon à obtenir un bord bien plat et rectiligne.

21 Passez vos pouce et index mouillés de chaque côté de la bande pour arrondir les bords coupés, puis soulevez la bande et retournez-la. Arrondissez les bords de cette face, en procédant de la même façon.

22 Vous pouvez décorer l'argile en y imprimant des motifs. Ici, on presse la tranche de la règle dans l'argile pour graver deux lignes qui courent le long de la poignée. Une fois le décor achevé, coupez les extrémités de la poignée en demi-cercle.

23 **Collage de la poignée** Courbez la poignée en forme de « S ». Scarifiez-la avec une aiguille et mouillez-la aux endroits où elle entrera en contact avec le corps du pichet. Pressez-la légèrement sur le pichet, à la place souhaitée, et retirez-la. Elle laissera des traces d'humidité qui vous indiqueront les endroits où vous devrez scarifier et mouiller le pot.

Après avoir biscuité ce pichet à 1 100°C, on l'a trempé dans un émail transparent additionné de 2 % d'oxyde de cuivre, de 1 % d'oxyde de cobalt et de 10 % de rutile ; puis on l'a cuit à 1 280°C (voir pages 16 à 19). On a monté les tasses au tour avec l'argile mélangée illustrée à l'étape 10 de la page 12 ; puis on a enduit l'intérieur de ces tasses d'un émail transparent et on les a cuites à 1 140°C.

24 En glissant les doigts d'une main à l'intérieur du pot pour soutenir la paroi, pressez fermement la poignée contre le corps du pichet pour assurer un bon collage. Poussez simultanément de l'intérieur pour éviter que la paroi ne se déforme.

25 Collez l'autre extrémité de la poignée sur les scarifications mouillées du pichet, en veillant là encore à ce que la poignée et le corps du pichet soient solidement joints.

26 **Séchage du pot**

Pour empêcher la poignée de s'affaisser, soutenez-la avec un bloc d'argile jusqu'à ce qu'elle soit sèche, en intercalant un morceau de papier pour éviter que l'argile ne colle à la poignée. Vous pouvez aussi appuyer le pichet contre un mur ou un objet lourd ; en guise de coussinet, intercalez un peu d'argile enveloppée dans du papier journal pour éviter qu'elle n'adhère.

MATÉRIAUX

Une motte de 1 kg 400 d'argile à grès, bien préparée

Eau

Émaux blanc et noir pour argile à grès (voir pages 16 et 17)

OUTILS

Éponge

Raclette métallique souple

Outils en plastique improvisés

Aiguille

Fil à couper

ÉQUIPEMENT

Balance pour peser l'argile

Récipient avec couvercle

Tour

Planches plates

Four

Gants en caoutchouc

Cônes pyrométriques 06, 7, 8, 9, 10

RENSEIGNEMENTS COMPLÉMENTAIRES

Pour une explication des termes techniques ou inconnus, voir le Glossaire, pages 138 à 140

BOUTONS DE PORTES ET PIÈCES D'ÉCHECS

Le tournage à la quille permet de monter des petits objets à partir d'une grosse motte beaucoup plus facilement que si on les fabriquait à partir de petites boules d'argile. Nombreux sont les apprentis potiers qui trouvent plus facile de centrer une grosse motte d'argile qu'une petite, surtout s'ils ont de grandes mains. Commencez donc par prendre une motte d'un kilo et demi d'argile souple et bien préparée – vous constaterez peut-être que vos mains la contrôlent mieux.

Il peut s'avérer utile d'enfermer de l'air dans une forme montée au tour qui, si elle était pleine, serait trop lourde ou risquerait d'éclater. L'air emprisonné empêchera la forme de s'affaisser, ce qui vous donnera une excellente occasion de la remodeler sans vous soucier de la force de gravité.

N'oubliez jamais de percer un petit trou dans toute forme creuse, une fois qu'elle a atteint la consistance du cuir, afin de permettre à l'air emprisonné de s'échapper ; si vous ne le faites pas, votre forme risque fort d'exploser au moment de la cuisson.

1 Le tournage à la quille Centrez l'argile. Appuyez sur le haut de la motte avec les doigts et creusez un trou profond de 5 cm. Amincissez la paroi pour créer un petit cylindre, en laissant le haut plus épais.

2 L'index de la main gauche glissé dans le pot, repoussez doucement l'argile vers l'intérieur, en la tirant un peu vers le haut pour éviter qu'elle ne s'affaisse. Ce col permettra de fermer le pot et d'emprisonner l'air à l'intérieur. Les parois ne doivent pas être trop minces, au risque de s'affaisser au niveau des « épaules » de la forme.

3 Emprisonner de l'air Prenez un pinceau pour éliminer toute l'eau restant à l'intérieur du pot. Pincez doucement le col du cylindre, en augmentant la vitesse de rotation du tour. Lorsque vous rétrécissez le col, prenez garde de ne pas appuyer vers le bas, car une telle pression ferait effondrer la pièce.

4 Continuez à resserrer le col ; lorsque vous serez sur le point de le refermer en emprisonnant l'air à l'intérieur, accélérez encore la vitesse de rotation du tour. Mouillez l'argile de sorte qu'elle glisse bien, mais ne versez pas d'eau à l'intérieur de la forme, ou alors épongez-la avant de refermer le col. Vous pouvez retirer l'excès d'argile au sommet du dôme.

5 **Séparation de la quille**
L'air emprisonné dans la forme l'empêchera de s'affaisser, même si vous appuyez dessus avec une raclette métallique pour lisser la surface. Pour enlever le bouton de porte de la quille, gravez une ligne profonde avec une aiguille, *bien au-dessous* de la forme. Arrêtez le tour et coupez à ce niveau avec un fil à couper, en veillant à ne pas entamer le pot. Posez-le sur une étagère et répétez le processus jusqu'à épuisement de la motte d'argile.

PIÈCES D'ÉCHECS

Les pièces d'échecs peuvent être pleines, à condition que leur diamètre maximal n'excède pas 2 cm. Si vous souhaitez fabriquer des pièces plus grandes, conformez-vous à la méthode indiquée ci-contre pour faire des pièces creuses. Le roi en argile massive illustré en bas de la page a été monté à la quille. Pour séparer de la motte les pièces terminées, procédez de la même façon que pour les boutons de portes.

Après un biscuitage à 1 000°C, les pièces d'échecs ont été émaillées en noir ou en blanc. On a utilisé un émail transparent pour argile à grès auquel on a ajouté 10 % d'oxyde de fer, pour obtenir l'émail noir, et 8 % d'oxyde d'étain, pour obtenir l'émail blanc. On a essuyé les traces d'émail sur la base, puis on a cuit les pièces à 1 280°C. Pour les boutons de portes, on s'est servi d'un émail transparent additionné de 10 % de colorant jaune pour le bouton jaune et de 5 % d'oxyde de cuivre pour le bouton vert ; pour le bouton bleu, on a utilisé le même émail que pour le pichet (voir page 109). La cuisson d'émaillage des boutons de portes a été effectuée à 1 280°C. Pour utiliser les boutons de portes, il faut coller un écrou dans le trou percé à la base.

PORTE-BROSSES À DENTS

MATÉRIAUX

Une motte de 450 g d'argile bien préparée, de type indifférent, plus une petite quantité pour le couvercle

Eau

Engobe coloré

Réserve en cire

Émail transparent (voir pages 16 à 19)

OUTILS

Éponge

Raclette métallique souple

Fil à couper

Outils pour le tournage

Pinceau

Roulette à décorer (facultative)

Tube en métal pour perforer le couvercle

Gants en caoutchouc

Pinces à émailler (facultatives)

ÉQUIPEMENT

Balance pour peser l'argile

Récipient avec couvercle

Tour

Planches plates

Four

Cônes pyrométriques 03, 7, 8, 9, 10

RENSEIGNEMENTS COMPLÉMENTAIRES

Pour une explication des termes techniques ou inconnus, voir le Glossaire, pages 138 à 140

Pinceau chinois, mirette à deux bouts et engobe liquide.

Pour cette pièce, on a utilisé de la porcelaine, mais n'importe quelle sorte d'argile convient. Comme pour le petit pichet (page 104), la forme de base est un cylindre, mais celui-ci comporte un rebord épais destiné à supporter le couvercle. Lorsque vous fabriquez des pots avec couvercle, il est très important de mesurer précisément le rebord et le diamètre du couvercle. Au stade de la consistance du cuir, on peut l'ajuster en retirant de petites quantités d'argile, mais c'est au stade du montage au tour qu'il faut confectionner un couvercle aussi proche que possible des dimensions définitives.

Pour que le couvercle soit parfaitement ajusté, il est conseillé de le faire cuire sur le pot. Cela empêche les déformations au cours du biscuitage et de la cuisson d'émaillage. Si vous effectuez la cuisson d'émaillage en posant le couvercle sur le pot, vous ne devez pas laisser la moindre goutte d'émail sur le rebord du pot ni à la base du couvercle, sous peine de les retrouver collés. Vous pouvez appliquer de la cire sur ces parties pour les rendre imperméables ; mais, avant d'enfourner les pièces, il vous faudra malgré tout essuyer les éventuelles gouttelettes d'émail avec une éponge humide.

1 Fabrication du cylindre
Pour centrer l'argile et former la base du pot, suivez les étapes indiquées pour le bol à soupe (voir pages 98-99) et pour le pichet (voir pages 104-105). Commencez à monter la paroi du cylindre en pressant l'argile entre vos doigts et en la tirant vers le haut.

2 Une fois que vous aurez atteint le sommet du cylindre, laissez volontairement une épaisseur d'argile tout autour. Vous en aurez en effet besoin pour former le rebord qui supportera le couvercle. N'oubliez pas que vous devez toujours diminuer lentement la pression de vos mains avant de lâcher l'argile.

3 La force centrifuge du tour tend toujours à élargir les formes et le fait de mettre la main à l'intérieur du pot, pour monter la paroi, peut contribuer à évaser le haut du pot. Resserrez-le donc doucement pour éviter qu'il ne se transforme en bol.

4 Création du rebord
On a donné au pot une forme légèrement ventrue et on l'a lissé avec une raclette métallique (voir les étapes 8 et 9, page 106). Il s'agit maintenant de façonner un rebord ; pour ce faire, appuyez sur le bourrelet supérieur avec votre index, en soutenant l'argile par en dessous avec l'autre main. Faites un rebord suffisamment épais pour qu'il ne s'ébrèche pas à l'usage.

5 Mesurez ce rebord avec précision. Pour ce faire, on utilise ici un bâton de sucette. Le couvercle viendra reposer sur le rebord et sera maintenu en place par le bourrelet extérieur. Éliminez le surplus d'argile de la base et décollez le pot de la girelle (voir les étapes 13 à 15 de la page 107).

6 Fabrication du couvercle
Montez au tour un petit bol à bord épais ; il s'agit du couvercle à l'envers. Mesurez le diamètre et ajustez-le de sorte que le couvercle s'adapte au rebord du pot cylindrique. Il est judicieux de fabriquer plusieurs couvercles pour un pot. On peut les sortir à la quille (voir pages 110-111).

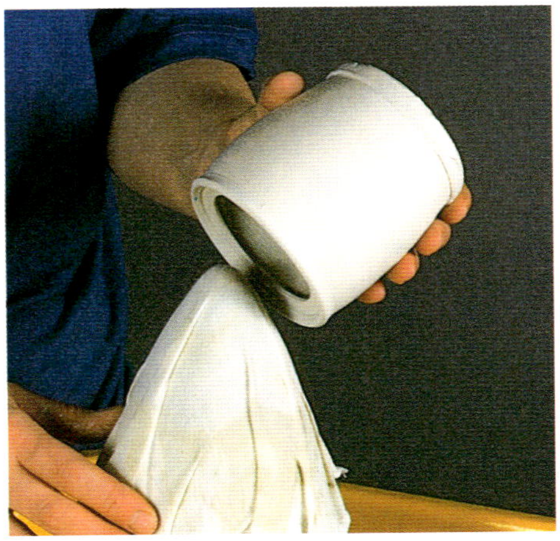

7 Finition du pot
Une fois que le couvercle et le pot auront atteint la consistance du cuir, centrez un bon plot d'argile souple et donnez-lui la forme d'un cône. Recouvrez-le d'une mousseline, en veillant à ne pas faire de gros plis, car ils risqueraient de marquer le bord du pot. Enfoncez délicatement le cylindre sur le plot et finissez la base.

8 Après avoir achevé la base, ôtez le pot et le tissu du plot. Puis mouillez ce plot et donnez-lui la forme d'un bol aux parois épaisses ; lissez la surface avec une raclette métallique et remettez la mousseline sur le bol. Posez la base du cylindre dans le bol et procédez à la finition du rebord.

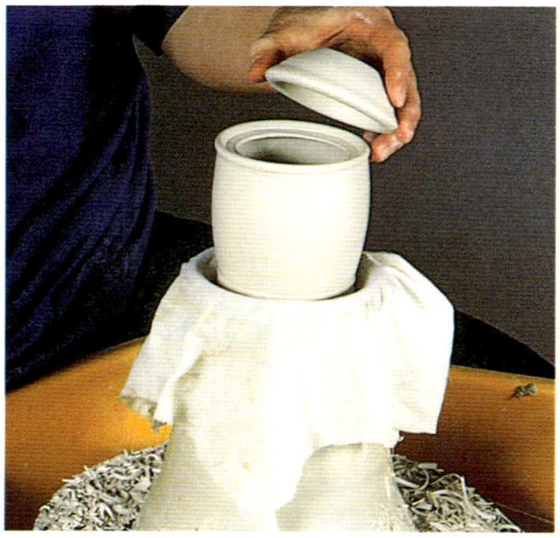

9 **Finition du couvercle**
Le pot étant immobile sur le plot, mettez le couvercle en place de telle sorte qu'il soit bien centré pour la finition. Les couvercles sont des objets si petits qu'il est très difficile de les travailler s'ils ne sont pas sur leur pot.

10 Éliminez le surplus d'argile du sommet du couvercle. Vous pouvez conserver la marque de l'outil ou lisser la surface avec une raclette métallique que vous tiendrez à angle droit (elle coupera l'argile plus qu'elle ne la lissera). Vous pouvez ensuite polir la surface du couvercle à l'aide d'un outil improvisé (voir l'étape 25 de la page 102).

11 Si vous le désirez, vous pouvez ajouter une décoration sur le couvercle ; servez-vous, par exemple, d'une roulette pour imprimer un motif sur un anneau biseauté. On a fabriqué cette roulette à partir d'un outil de relieur. Vous pouvez également en confectionner en plâtre ou en biscuit.

12 **Décoration à l'engobe**
Dès que vous aurez terminé la finition du pot et du couvercle, vous pourrez les décorer à l'engobe. Il faut que ce soit fait avant que l'argile ait dépassé le stade de la consistance du cuir. Le tour étant en rotation, appliquez un pinceau trempé dans de l'engobe contre le pot et gardez-le immobile jusqu'à ce que le pot ait fait un tour, traçant ainsi automatiquement une ligne de couleur.

13 Vous pouvez dessiner des motifs sur l'engobe humide au moyen d'une raclette en caoutchouc sur laquelle vous aurez découpé des dents. Vous pouvez également attendre que l'engobe ait atteint la consistance du cuir pour le gratter, comme indiqué ici. Dans ce cas, éliminez bien les copeaux qui tombent sur la table pour qu'ils ne contaminent pas l'argile à recycler.

14 Dans le couvercle, découpez les trous destinés à recevoir les brosses à dents, en soutenant le couvercle par en dessous de l'autre main, pour éviter qu'il ne se déforme sous la pression. Mettez le couvercle sur son pot et laissez-le sécher. Puis biscuitez le pot, toujours surmonté de son couvercle.

15 Émaillage du pot et du couvercle

Après le biscuitage, appliquez de la cire sur la base et le rebord interne du pot, ainsi que sur le pourtour du couvercle. Utilisez soit de la cire chaude, soit une émulsion de cire froide (voir page 53). Mettez des gants en caoutchouc et remuez soigneusement l'émail. Vous pouvez employer des pinces à émailler.

16 Plongez rapidement le pot dans l'émail bien remué en le tenant à l'horizontale pour qu'il se remplisse en s'enfonçant. Si vous le trempez avec la base en haut, vous emprisonnerez de l'air à l'intérieur du pot et aurez donc un émaillage irrégulier. Trempez et ressortez le pot en moins de trois secondes, puis tenez-le à l'envers au-dessus du récipient pour qu'il égoutte.

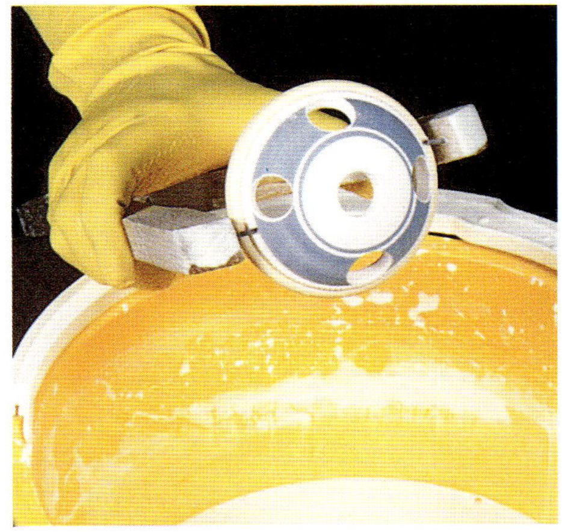

17 Remuez à nouveau l'émail, puis trempez-y le couvercle pendant deux secondes, en le tenant par les bords avec une pince à émailler.

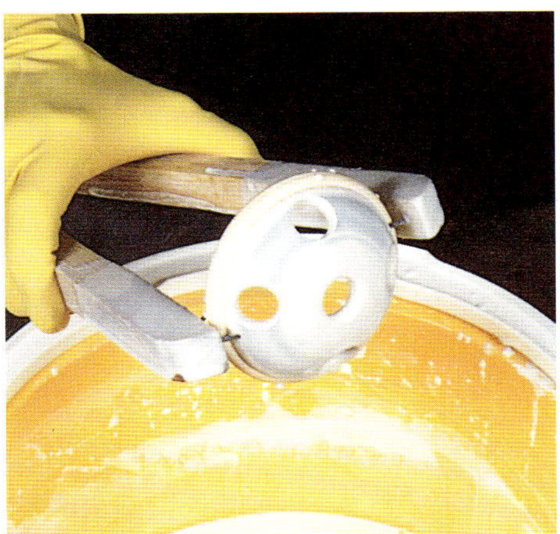

18 Tenez le couvercle émaillé au-dessus du récipient jusqu'à ce qu'il ait fini d'égoutter. Puis essuyez soigneusement toutes les gouttes d'émail se trouvant à la base et sur le rebord interne du pot, ainsi que sur le pourtour du couvercle. Si vous laissez la moindre goutte d'émail sur ces parties, vous risquez de retrouver le couvercle solidement collé à son support, ou encore le pot fixé à la plaque d'enfournement.

On a cuit le couvercle sur son pot. Auparavant, on avait essuyé le pourtour du couvercle et le rebord interne du pot pour éliminer toute trace d'émail et prévenir les risques d'adhérence. Si, malgré tout, vous n'arrivez pas à détacher le couvercle de son pot, posez un linge dessus, pour amortir le choc, et frappez-le doucement avec un bout de bois afin de le décoller. On a biscuité ce pot à 1 100°C, puis on l'a émaillé à 1 280°C.

ASSIETTE COMMÉMORATIVE

MATÉRIAUX

Deux mottes de 2 kg 250 et une motte de 450 g d'argile bien préparée

Eau

Engobes colorés

Réserve en latex

Papier journal

Émail transparent (voir pages 16 à 19)

OUTILS

Éponge

Raclette métallique souple

Aiguille

Fil à couper

Outils pour le tournage

Pinceau et savon

Roulette à décorer (facultative)

Applicateurs d'engobes

ÉQUIPEMENT

Gants en caoutchouc

Balance pour peser l'argile

Récipient avec couvercle

Tour

Plateaux à fixer sur la girelle

Tournette (facultative, le tour pouvant la remplacer)

Four

Cônes pyrométriques 06, 03, 02, 01, 1

RENSEIGNEMENTS COMPLÉMENTAIRES

Pour une explication des termes techniques ou inconnus, voir le Glossaire, pages 138 à 140

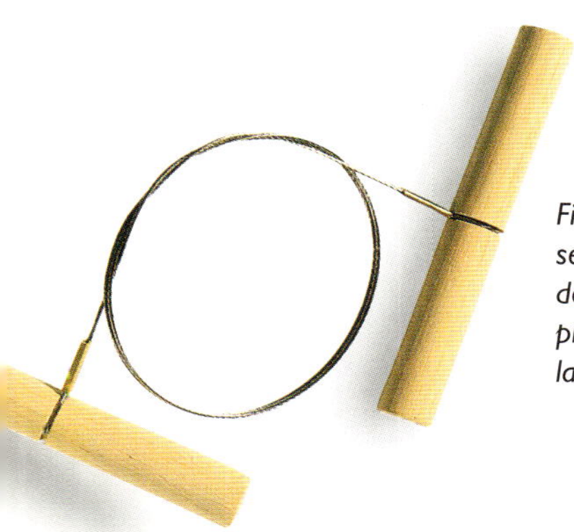

Fil à couper servant à décoller les pièces de la girelle.

Les assiettes sont des pièces idéales pour le travail au tour, dans la mesure où la force centrifuge de la girelle favorise les formes plates et larges. Pour commencer, vous préférerez peut-être confectionner des petites assiettes ; toutefois, n'hésitez pas à en faire de plus grandes, car elles ne sont guère plus difficiles à fabriquer.

L'assiette confectionnée ici possède un pied en anneau – comme le bol à soupe (voir page 102) – qui entoure un autre petit anneau central, de la taille et de la forme de la bordure décorative de l'avers. Cet anneau central empêchera le milieu de s'affaisser pendant la cuisson.

Lorsque vous aurez découpé vos réserves en papier, vous remarquerez que vous obtenez des formes de papillons à la fois en plein et en vide. Si vous faites soigneusement votre découpage, vous pourrez utiliser les parties pleines que vous aurez retirées des parties vides, ce qui fera d'une pierre deux coups – et si vous découpez des papiers pliés, vous multiplierez les formes obtenues. Cet équilibre entre les motifs pleins et vides participe également à l'effet décoratif.

1 Fixation d'un plateau à la girelle

Centrez une motte de 450 g d'argile bien préparée (voir page 10). Puis aplatissez l'argile sur la girelle, en appuyant fermement sur le dessus.

2 Étalez l'argile de façon à obtenir une galette de 1 cm d'épaisseur environ. Faites fonctionner la girelle, puis enfoncez vos doigts à la surface de l'argile pour y pratiquer des rainures. Ces stries et sillons créeront un phénomène de succion entre l'argile et le plateau que vous presserez par la suite sur la galette d'argile : ainsi, le plateau sera bien fixé sur la girelle.

3 Le plateau doit être bien sec. En effet, s'il est humide, il aura tendance à glisser sur l'argile. Posez le plateau au centre de la girelle ; faites fonctionner le tour, puis frappez bien au centre du plateau avec votre poing pour le faire adhérer à l'argile. Si vous frappez sur l'un des côtés du plateau, ce dernier ne sera pas horizontal et les bords de la pièce que vous monterez au tour seront irréguliers.

4 **Centrage de grosses quantités d'argile**
Centrez une motte de 2 kg 250 d'argile (voir page 99). Si vous trouvez que cette masse d'argile est trop difficile à manipuler, commencez avec une plus petite quantité et rajoutez de l'argile jusqu'à obtention d'une masse centrée de 4 kg 500. Avant d'ajouter de l'argile au sommet de la motte, nettoyez cette dernière avec une raclette métallique.

5 Arrêtez le tour et posez une autre motte d'argile de 2 kg 250 au sommet de la première. Vous remarquerez que la base de la motte d'argile rajoutée est convexe et bien lisse, ceci pour éviter d'emprisonner de l'air entre les deux mottes. Puis appuyez très fermement sur la motte d'argile que vous avez rajoutée pour la faire adhérer à la masse inférieure.

6 Mouillez l'argile et lancez le tour à vitesse modérée, en centrant le sommet de la motte par une pression verticale de l'une de vos mains, tandis que l'autre descend le long de la motte. La partie inférieure étant déjà centrée, vous ne devez agir que sur la masse supérieure. Égalisez les flancs des deux masses de façon à obtenir une seule motte centrée.

7 **Mise en forme de l'assiette**
Mouillez l'argile et lancez le tour à bonne vitesse, puis pressez la motte. Appuyez sur l'argile en utilisant le poids de votre corps plutôt que votre force musculaire. Continuez à appuyer. Si l'argile devient sèche, relâchez lentement la pression avant de retirer vos mains de la motte, ajoutez de l'eau, puis reprenez le mouvement.

8 Lorsque l'argile devient de plus en plus plate, veillez à ce que le bord ne se rabatte pas, emprisonnant ainsi de l'air à la base de l'assiette. Pour éviter cela, repoussez le bord vers l'intérieur au fur et à mesure que vous aplatissez l'argile.

9 Une fois que l'assiette a atteint le diamètre souhaité, pressez la base afin d'aligner les particules : le tour continuant à fonctionner, déplacez vos mains du centre vers l'extérieur. Répétez ce mouvement deux ou trois fois, en prenant garde de ne pas trop amincir la base.

10 Normalement, les assiettes sont plates et lisses au centre ; toutefois, pour que celle que nous fabriquons ici soit plus intéressante à orner en tant qu'objet commémoratif, on va façonner un petit anneau central en relief, qui formera une bordure décorative supplémentaire.

11 **Vérification de l'épaisseur de la base**
Pour vérifier l'épaisseur de la base, arrêtez le tour et piquez une aiguille dans l'argile jusqu'à ce qu'elle touche le plateau. Appuyez l'index ou le médium le long de l'aiguille, à l'endroit où elle pénètre dans l'argile.

12 Retirez alors l'aiguille de l'argile, en gardant le doigt collé contre elle. La distance entre la pointe de l'aiguille et l'extrémité de votre doigt vous donnera l'épaisseur de l'argile. Pour une grande assiette, la base doit mesurer 1 cm d'épaisseur. Cela vous permettra, lorsque vous passerez le fil à couper sous l'assiette, de l'incurver légèrement et d'enlever un peu plus d'argile au centre.

13 **Formation du bord**
Une fois que la base sera de la bonne épaisseur, il vous faudra finir le tour de l'assiette. Ici, on le pousse vers l'extérieur pour l'aplatir. Vous pouvez aussi le monter comme un cylindre et le repousser vers l'extérieur pour aplatir la forme. Puis lissez l'assiette et le rebord avec une raclette métallique, à moins que vous ne vouliez conserver les traces de tournage.

14 Retirez l'excès d'argile de la base avec un outil pointu en forme de coin, puis enfoncez-le un peu plus profondément sous la base pour faire une rainure qui permettra de décoller plus facilement la plaque d'argile. En outre, cela facilitera le passage du fil à couper sous l'assiette ; sinon, vous risqueriez de trop entamer l'argile de la base.

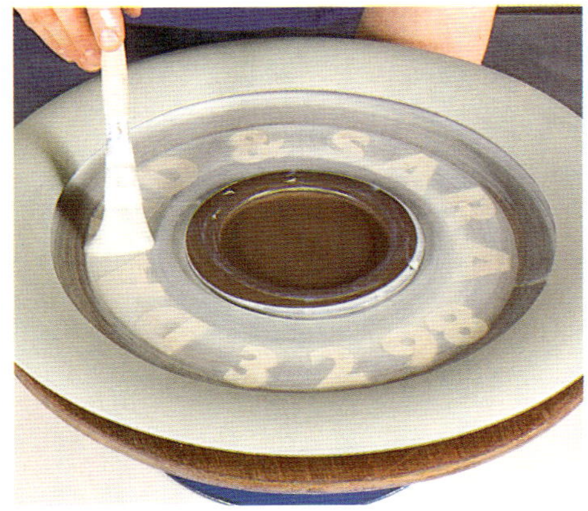

15 Enlever le plateau de la girelle

Pour décoller le plateau de la girelle, utilisez un outil plat et solide, comme un vieux couteau à beurre, que vous glisserez sous l'argile, tout autour du plateau. Si vous soulevez ce dernier d'un seul mouvement brusque, vous risquez de déformer le bord. Prenez le plateau et placez-le sur une surface plate. Puis passez un fil à couper sous l'assiette, avant que l'argile sèche. Veillez à bien tendre le fil vers le bas, pour ne pas trop entamer la base.

16 Lettres en papier

Une fois que l'assiette a atteint la consistance du cuir et que la base a été décolletée (voir page 102), trempez les chiffres et les lettres en papier dans de l'eau, et disposez-les sur l'argile, en aplatissant bien les bords. Les lettres que vous voyez ici ont été imprimées avec un ordinateur sur du papier recyclé absorbant, puis découpées avec des ciseaux. Vous pouvez aussi reproduire des lettres vues dans des livres, ou des magazines, sur du papier absorbant, comme du papier journal.

17 Première couche d'engobe

Assurez-vous que les lettres en papier adhèrent bien à la surface de l'argile, les bords étant soigneusement aplatis pour que l'engobe ne pénètre pas sous le papier. Puis appliquez une réserve en latex sur l'anneau central et laissez-la sécher (voir page 36). L'assiette tournant lentement sur une tournette (ou sur le tour), appliquez au pinceau une couche d'engobe bleu clair sur le bandeau extérieur et la partie où vous avez disposé les lettres.

18 Appliquez une couche d'engobe jaune au centre de l'assiette. Ne passez pas deux fois au même endroit pour éviter que l'engobe ne dissolve l'argile, ce qui pollue la couleur. Laissez sécher l'engobe jaune, puis passez une seconde couche afin de bien recouvrir l'argile rouge – l'engobe sera ainsi bien opaque et masquera la teinte de l'argile.

19 Réserve en papier

Découpez la décoration dans du papier absorbant et disposez-la (à sec) sur le rebord extérieur. Pour le décor central, on a utilisé un cercle de papier dont on a festonné les bords ; puis on a fait des découpes au milieu. Trempez-le dans l'eau, égouttez-le légèrement et posez-le sur l'engobe jaune.

20 Pressez le papier humide sur l'engobe, en prenant soin de bien appliquer les bords contre la surface pour qu'ils ne se relèvent pas.

21 **Application de l'engobe sur le papier**
À l'aide d'une éponge ou d'un pinceau, appliquez une couche d'engobe bleu foncé à l'intérieur de l'anneau central. Il est très important de bien recouvrir toute la surface, jusque sur les bords.

22 Reprenez chaque découpe en papier disposée sur le rebord extérieur de l'assiette, trempez-la dans l'eau, puis collez-la contre la surface, au même endroit que précédemment. Là encore, il est très important que les bords du papier adhèrent parfaitement, mais prenez garde de ne pas détériorer la fine couche d'engobe bleu clair que vous avez appliquée sur le bord.

23 Lancez la tournette et, avec un pinceau, passez une couche d'engobe jaune sur le bord interne du bandeau extérieur. Pour le reste de ce bandeau, vous appliquerez l'engobe à l'aide d'une éponge. On utilise un pinceau pour le bord, car il permet de dessiner des contours bien nets et d'empêcher que l'engobe ne coule sur la partie centrale.

24 À l'aide d'une éponge, passez un engobe jaune épais sur les motifs en papier. Si l'engobe jaune n'est pas assez épais pour masquer totalement l'engobe bleu sous-jacent, laissez sécher la première couche, puis appliquez-en une seconde.

25 **Enlever les réserves en papier**
Avec la pointe d'une aiguille, soulevez le bord des lettres en papier et retirez-les de l'assiette, en veillant à ne pas faire de marques dans l'argile avec l'aiguille. Jetez ces papiers couverts d'engobe avant qu'ils sèchent et produisent une poussière dangereuse.

26 Retirez le motif en papier placé au centre pour faire apparaître le jaune qu'il masquait. Si vous avez découpé ce pochoir dans du plastique, lavez-le avant qu'il sèche. Vous pourrez ainsi le réutiliser.

27 Avec la pointe d'une aiguille, trouvez le bord de la réserve en latex appliquée sur l'anneau central et tirez dessus pour l'éliminer. L'anneau apparaît propre et prêt à recevoir une décoration à l'applicateur d'engobe (facultative). Là encore, vous devez jeter le latex avant que l'engobe sèche.

Après un biscuitage à 1 000°C, on a enduit la base de cire et émaillé l'assiette en versant l'émail sur la surface (voir page 49). L'émail transparent doit être appliqué en couche mince ; en effet, si la couche est trop épaisse, elle contiendra des bulles d'air qui feront paraître l'émail laiteux – en outre, une telle couche risque de présenter un tressaillage. La cuisson d'émaillage a été effectuée à 1 140°C.

28 Toujours avec la pointe d'une aiguille, soulevez le bord des motifs placés sur le bandeau extérieur et retirez-les. Ne laissez pas trop sécher l'argile ni l'engobe, car le papier collerait et laisserait une fine couche de pulpe difficile à éliminer.

29 **Touches finales**
Lorsque vous aurez ôté tous les papiers, le motif apparaîtra et vous pourrez y ajouter des détails avec un applicateur d'engobe. Déposez ainsi un gros point d'engobe jaune entre chaque lettre. Avant que l'engobe ait eu le temps de sécher, déposez, avec un autre applicateur, un petit point bleu au milieu de chaque point jaune.

30 Vous pouvez aussi ajouter des points bleu foncé sur les motifs du bandeau extérieur. Ces détails très intéressants ajouteront une texture qui contrastera avec l'aspect plat du décor. Ne faites pas des points trop épais et ne les appliquez pas sur une argile qui aurait dépassé la consistance du cuir, car l'engobe risquerait de se décoller ou de se fissurer en séchant.

POT À CACTUS

On peut modifier les formes montées au tour de multiples façons. Ainsi, une variante de la méthode que nous étudions ici consisterait à couper les parois d'un pot au ras de la base et à leur donner une forme ovale, puis à les replacer sur une plaque préparée avec la même sorte d'argile. Ensuite, on peut très bien réutiliser la base précédente en la découpant et la collant à un autre pot, comme indiqué pour l'égouttoir à couverts, pages 68 et 69. On peut ainsi créer des formes anguleuses et bien d'autres encore, ce qui donne une excellente occasion d'explorer la création de formes.

L'anneau torique qui constitue le pied de ce pot à cactus peut également être modifié pour créer d'autres formes destinées soit à des pieds, soit à des poignées. C'est ainsi que vous pouvez fort bien aplatir cet anneau d'argile monté au tour, puis le retourner avant de le découper de façon à obtenir des poignée plates en forme d'arc-en-ciel. Le diamètre de cet anneau doit être adapté à la taille du pot.

Vous pouvez également préparer une grande quantité de pieds et de poignées en montant au tour un cylindre épais que vous tronçonnerez en anneaux qui pourront être séparés au stade de la consistance du cuir.

MATÉRIAUX

Une motte de 2 kg 250 et deux mottes de 450 g d'argile à grès, bien préparée, légèrement chamottée

Eau

120 g de chamotte fine

Émail noir pour argile à grès (voir pages 16 à 19)

OUTILS

Éponge

Raclette métallique flexible

Aiguille

Fil à couper

Pinceau

Vrille

ÉQUIPEMENT

Gants en caoutchouc pour l'émaillage

Bande de plastique pliée

Balance pour peser l'argile

Récipient avec couvercle

Tour

Plateaux plats

Four

Cônes pyrométriques 06, 7, 8, 9, 10

RENSEIGNEMENTS COMPLÉMENTAIRES

Pour une explication des termes, voir le Glossaire, pages 138 à 140

1 Monter la forme principale Centrez 450 g d'argile sur la girelle et creusez-y des sillons avant d'y coller un plateau (voir pages 116-117).

2 Centrez 2 kg 250 d'argile souple bien préparée. Augmentez le régime de rotation du tour ; aplatissez la motte en appuyant sur le sommet, avec tout le poids du corps. Pressez la base pour aligner les particules et laissez-lui une épaisseur de 8 mm.

3 Montez des parois épaisses de façon à obtenir un cylindre qui possédera un bord très large (voir pages 99 et 100). Retirez toute l'eau qui pourrait se trouver dans le pot. Il ne faut jamais laisser d'eau à l'intérieur d'un pot pendant le montage, car elle contribue à affaiblir les parois et risque d'occasionner des fissures à la base du pot au moment du séchage.

4 Donnez à la paroi une forme concave et aplatissez le large rebord supérieur. Puis retirez le surplus d'argile de la base et creusez une rainure avec un outil pointu en forme de coin.

5 **Finition du bord**
Arrondissez l'arête externe du bord supérieur avec un morceau de plastique replié, le tour étant à vitesse réduite (voir l'étape 18 de la page 101). Vous pouvez soit conserver les traces de tournage, soit les effacer avec une raclette métallique. Si vous choisissez de procéder à la finition maintenant, vous n'aurez pas à le faire plus tard.

6 **Séchage du pot**
Tendez le fil à couper entre vos deux mains, appuyez-le fermement contre le plateau et glissez-le sous la base du pot. N'attendez pas que le pot ait atteint la consistance du cuir pour le décoller, car la paroi sécherait alors beaucoup plus vite que la base ; cette dernière resterait collée au plateau et ne pourrait donc pas se rétracter, ce qui engendrerait des tensions et, par voie de conséquence, des fissures.

7 Soulevez le pot à l'aide d'un outil solide – un couteau à beurre – et laissez-le sécher sur le plateau. Avant que le dessus ait atteint la consistance du cuir, enveloppez le pot dans un film plastique et posez un plateau propre dessus. Retournez le pot en le tenant en sandwich entre les deux planches. Imprimez un mouvement de rotation au plateau qui adhère encore à la base et ôtez-le. Laissez sécher la base sans qu'elle atteigne la consistance du cuir. Enveloppez le bord dans du plastique pour l'empêcher de sécher davantage.

8 **Fabrication du pied**
Placez un autre plateau sur la girelle et centrez 450 g d'argile. Aplatissez-la en appuyant au centre et en augmentant la vitesse de rotation du tour. Pressez-la du centre vers l'extérieur de façon à obtenir un rebord épais en forme d'anneau.

9 Modelez cet anneau d'argile. Pendant la rotation, vous pouvez tracer des lignes décoratives ou lisser l'argile avec une raclette métallique. Façonnez le bord avec une bande de plastique repliée, comme indiqué ici, le tour étant au ralenti. Laissez sécher l'argile jusqu'à la consistance du cuir.

10 Ovaliser le pot
Dès que la base est assez sèche pour que vous puissiez prendre le pot sans qu'il se déforme, posez-le sur un plateau recouvert d'une fine couche de chamotte. Cette dernière empêchera le pot de coller et permettra à la base de glisser lorsque vous la serrerez pour former l'ovale.

11 Découpez un trou en forme d'amande au centre du pot. Scarifiez la tranche de ce trou avec une aiguille et mouillez-la avec de l'eau ou de la barbotine.

12 À l'aide d'un pinceau, passez de l'eau sur le bord supérieur du pot et attendez qu'elle soit totalement absorbée pour être certain que le bord sera suffisamment souple pour pouvoir se déformer. Placez alors vos mains de chaque côté du pot, dans le sens de la longueur de la forme découpée, puis rapprochez doucement les parois jusqu'à ce que les bords de la découpe se rejoignent complètement.

13 Finition du collage
Le pot étant désormais ovale, il va falloir renforcer la ligne de coupe du centre pour éviter qu'elle ne se déchire. Aussi, à l'aide d'un ébauchoir, appuyez fermement sur le collage.

14 Scarifiez l'argile au niveau de la ligne de collage, à l'aide d'une aiguille que vous aurez trempée dans de l'eau ou de la barbotine. Préparez un petit colombin d'argile souple et pressez-le sur le collage.

15 Avec les doigts, enfoncez le colombin d'argile dans la ligne de collage. Puis lissez la surface avec une raclette métallique.

16 Posez un plateau sur le pot et retournez-le en le tenant en sandwich entre les deux planches. Cette méthode empêche les pots de se cabosser ou de se déformer.

17 Finition de la base
Comblez la ligne de collage avec un petit colombin d'argile, puis lissez la surface avec une raclette métallique. Vous pouvez laisser la chamotte qui adhère à la base du pot, ou l'enlever avec une raclette en métal. Si le pot présente des arêtes vives, arrondissez-les avec un doigt mouillé. Découpez quatre tronçons dans l'anneau que vous avez fabriqué pour le pied.

18 Collage des pieds
À l'aide d'une vrille, percez des trous de drainage dans la base, puis arrondissez les arêtes de ces trous avec un doigt, ou un pinceau, mouillé. N'appuyez pas trop fort pour ne pas déformer la base. Ensuite, scarifiez les tronçons du pied et les endroits du pot où ils prendront place ; mouillez ces parties scarifiées avec de l'eau ou de la barbotine et collez solidement les pieds au pot. Recouvrez légèrement le pot d'un film plastique pour assurer un séchage lent et régulier, et empêcher les collages de se craqueler.

Après un biscuitage à 1 000°C, on a appliqué de la cire sous le pot, entre les pieds. Puis on a trempé le pot dans un émail noir obtenu en additionnant 10 % d'oxyde de fer à un émail transparent du commerce (voir pages 16 à 19, 49 et 135). On a laissé les pieds totalement émaillés, car, pour la cuisson d'émaillage à 1 280°C, on a placé des piliers d'enfournement sous la base, de façon à ce que les pieds du pot ne touchent pas les plaques du four.

MATÉRIAUX

3 mottes de 1 kg 800 d'argile bien préparée, plus 2 mottes de 500 g pour les miniatures et les feuilles

Eau

OUTILS

Éponge

Raclette métallique flexible

Aiguille

Fil à couper

Pinceau

Vrille

ÉQUIPEMENT

Gants en caoutchouc pour l'émaillage

Balance pour peser l'argile

Récipient avec couvercle

Tour

Plateaux plats

Four

Cônes pyrométriques 06, 03, 02, 01, 1

RENSEIGNEMENTS COMPLÉMENTAIRES

Pour une explication des termes techniques ou inconnus, voir le Glossaire, pages 138 à 140

Gants en caoutchouc et raclette métallique dentée.

POT TROPICAL

Le montage de grands pots au tour ne nécessite pas une force musculaire importante, surtout si vous utilisez de l'argile très molle et si vous la centrez par petites quantités, et non d'un seul coup, comme nous le verrons dans ce projet. Toutefois, la plupart des potiers choisiront de centrer une motte de 5 kg 400 d'argile et nous vous conseillons vivement d'essayer, car cette méthode peut vous convenir. La seule difficulté consiste à préparer une telle quantité d'argile sans bulles d'air.

Les petits éléments décoratifs peuvent être collés sur toute pièce d'argile ayant atteint la consistance du cuir. La tasse traditionnelle « humoristique » comporte une grenouille collée au fond – que l'on ne voit qu'après avoir bu le contenu ! Si ces miniatures présentent des motifs moulés, veillez à ne pas les écraser lorsque vous les collerez sur le pot. Vous pouvez estamper des détails sur l'élément décoratif après l'avoir collé sur le pot.

Si vous avez l'intention de placer ce pot à l'extérieur, lisez d'abord les conseils donnés à la page 56 pour éviter les dégâts dus au gel.

1 **Centrage fractionné**
Centrez une motte de 1 kg 800 d'argile souple bien préparée, comme indiqué dans les étapes 1 à 6 des pages 116-117. Puis nettoyez le sommet de la motte avec une raclette métallique avant d'ajouter une autre motte. Vous noterez que la base de cette deuxième motte est convexe, de façon à éviter d'emprisonner de l'air lorsque l'on colle les deux blocs d'argile.

2 Ajoutez une troisième motte aux précédentes déjà centrées et centrez-la. Comme nous l'avons indiqué précédemment, vous devez commencer par presser la motte de sorte qu'elle adhère parfaitement au bloc déjà en place. Le tour doit être au ralenti jusqu'à ce que les plus grosses irrégularités soient ramenées au milieu, puis vous pouvez augmenter le régime de rotation pour terminer le centrage.

3 Ouverture du pot
La vitesse de rotation du tour étant assez élevée, appuyez sur le haut de la motte ; mettez un peu d'eau dans la dépression obtenue pour éviter que l'argile ne sèche et continuez à presser afin d'agrandir le trou. En gardant la même vitesse de rotation, appuyez jusqu'à ce que la base ne mesure plus que 1 cm d'épaisseur. Alignez alors les particules (voir pages 10 à 13).

4 Resserrement du pot
Mouillez l'extérieur du pot et éliminez l'eau qui pourrait se trouver à l'intérieur. Placez vos mains de chaque côté du pot, à la base, puis pressez l'argile tout en montant vos mains jusqu'au sommet du pot, pour étirer la paroi. Ce resserrement recentre toute irrégularité qui aurait pu se produire au cours de la phase précédente et augmente la hauteur du pot.

5 Amincissement de la paroi
Amincissez ensuite la paroi en faisant monter vos mains le long du pot (la gauche, qui se trouve à l'intérieur, doit être légèrement au-dessus de la droite). Votre main gauche pousse la paroi vers l'extérieur, ce qui crée le décrochement que vous pouvez voir. La main droite remonte ce bourrelet au fur et à mesure que vos deux mains se déplacent vers le sommet.

6 Une fois que vous aurez atteint le sommet du pot, diminuez lentement la pression de vos mains jusqu'à ce que celle-ci soit nulle, puis lâchez l'argile. À l'aide d'une éponge, mouillez l'intérieur et l'extérieur du pot ; éliminez toute l'eau qui aurait pu tomber au fond du pot – il ne faut en effet jamais laisser d'eau à l'intérieur d'un pot en cours de fabrication.

7 Répétez les étapes 5 et 6 pour amincir la paroi et l'élever. Dosez bien la pression de vos mains. Lorsque vous commencez le mouvement, vous avez généralement plus d'argile à saisir, ce qui demande plus de pression que lorsque vous êtes à mi-hauteur du pot, où il y a moins d'argile. Diminuez donc la pression au fur et à mesure de la montée de vos mains.

8 Mise en forme du rebord
Lorsque vous atteignez le sommet pour la deuxième fois, posez vos doigts sur le bord supérieur et appuyez très doucement pour former un bord plat (ou de la forme souhaitée). Cette mise en forme du rebord doit être effectuée alors que la paroi est droite et assez épaisse, sinon cette dernière risquerait de s'affaisser sous la pression.

9 Formation du « ventre » Lors de la troisième remontée, vous pouvez arrondir le « ventre » du pot, tout en lui donnant un peu plus de hauteur. Pour ce faire, poussez la paroi avec la main gauche, glissée à l'intérieur du pot, au fur et à mesure que vos deux mains remontent. Vous pouvez conserver les traces de tournage ou lisser la surface avec une raclette métallique (voir l'étape 17, page 101).

10 Finition de la base Lorsque le pot a acquis sa forme définitive, procédez à la finition de la base. Faites une rainure avec un outil pointu en forme de coin et retirez le surplus d'argile. Vous pouvez lisser la surface avec une éponge ou un outil rond en plastique. Prenez le temps de faire la finition de la base dès cette étape : cela vous épargnera la peine de le faire à la consistance du cuir.

11 Décoration par collages Vous pouvez appliquer des décorations en argile sur le pot tant que ce dernier n'a pas encore atteint la consistance du cuir. Fabriquez des feuilles en découpant des pièces en forme d'amande dans une plaque d'argile de 2 mm d'épaisseur. Aplatissez les bords au rouleau à pâtisserie ; la feuille sera ainsi plus épaisse au centre et effilée sur les bords.

12 Recoupez soigneusement les bords, de façon à obtenir une forme bien nette, puis lissez-les en y passant un doigt mouillé. Si vous fabriquez une série de feuilles, posez-les sur du plastique et recouvrez-les pour les empêcher de sécher. Puis scarifiez le dos de chaque feuille.

13 Collage de la décoration Disposez tour à tour les feuilles sur le pot, dessinez-en le contour avec la pointe d'une aiguille, puis enlevez la feuille et scarifiez le pot à l'endroit marqué. Mouillez les feuilles et le pot à l'emplacement des scarifications, et collez solidement les feuilles sur le pot. Commencez par appliquer l'une des extrémités et pressez l'argile en allant vers l'autre extrémité.

14 Fabrication de miniatures Fabriquez ces miniatures avec de l'argile souple. Elles ne doivent pas dépasser 1 cm d'épaisseur et la forme ne doit pas comporter de contre-coupes. Pour fabriquer des moules en plâtre de ces miniatures en argile, suivez les étapes indiquées pour les « Chiffres et Lettres », pages 81 à 83.

15 Vous pouvez mouler plusieurs miniatures en même temps ; ces quatre formes feront ainsi partie du même moule. Un moule en plâtre vous permettra de produire de nombreuses formes semblables ; vous pourrez leur appliquer une texture ou les lisser avant de les utiliser.

16 **Utilisation des moules**
Suivez les étapes de la page 82 pour presser l'argile dans les moules en plâtre. Ne laissez pas l'argile sécher trop longtemps dans les moules. Si vos moules en plâtre sont bien secs, les miniatures seront prêtes à être démoulées quelques instants après avoir été pressées. Plus elles seront molles quand vous les retirerez des moules, mieux cela sera, car elles seront plus faciles à coller sur le pot.

17 **Collage des miniatures**
Collez les miniatures sur le pot, en procédant de la même façon que pour les feuilles (voir l'étape 13). Vous pouvez les disposer comme vous le désirez : à l'intérieur, à l'extérieur, ou sur le bord du pot, comme ce gecko.

18 **Détails de finition**
Démoulé, ce gecko était lisse ; après l'avoir collé au pot, on y a ajouté des détails, en pressant des objets dans l'argile molle afin d'y imprimer des motifs et textures. Utilisez un objet métallique à bord denté pour dessiner des zigzags sur le dos et la queue du gecko. Pour faire les yeux, collez des boulettes d'argile que vous enfoncerez avec la pointe d'un couteau.

On a biscuité ce pot à 1 000°C. Il aurait pu rester ainsi ; toutefois, pour obtenir une couleur plus chaude, on a effectué une deuxième cuisson à 1 140°C. Ce pot n'est pas émaillé, car l'argile poreuse est meilleure pour la santé des plantes. Mais, si vous désirez le décorer davantage, vous pouvez émailler le rebord ou d'autres parties.

VERRE À PIED

MATÉRIAUX

15 mottes de 450 g d'argile souple, bien préparée

Eau

120 g de riz cru

Émail (voir pages 16 à 19)

OUTILS

Éponge

Raclette métallique flexible

Aiguille

Fil à couper

Outils pour le tournage

ÉQUIPEMENT

Gants en caoutchouc pour l'émaillage

Balance pour peser l'argile

Récipient avec couvercle

Tour

Planche

Four

Cônes pyrométriques 03, 7, 8, 9, 10

RENSEIGNEMENTS COMPLÉMENTAIRES

Pour une explication des termes techniques ou inconnus, voir le Glossaire, pages 138 à 140

Voici un projet destiné à tous ceux qui aiment les défis. Le verre à pied est en effet une forme très difficile à monter au tour en une seule pièce. Si le pot chavire au moment où vous formez la coupe, attendez que cette dernière soit terminée pour affiner le pied.

Pour fabriquer un verre à pied, vous pouvez également employer la méthode suivante : montez un bol au tour et laissez-le sécher jusqu'à la consistance du cuir, puis placez-le à l'envers sur la girelle et fixez en son centre un petit bloc d'argile que vous monterez au tour pour faire la tige et le pied. Une autre solution consiste à monter au tour le pied et la tige séparément, puis à les coller au bol, une fois que celui-ci aura atteint la consistance du cuir, et enfin à procéder à la finition au tour.

Vous pouvez fabriquer une tige très fine, mais celle-ci devra s'évaser aux extrémités, de façon à ce que la surface de contact avec le pied et la coupe soit suffisante. Le dessous du pied sera creusé en son centre pour éviter que cette partie ne soit trop épaisse et ne se fendille en séchant.

1 Centrage et mise en forme
Centrez une motte de 450 g d'argile. Resserrez-la un peu au-dessus de la mi-hauteur. Avec vos pouces, appuyez sur le dessus de la motte et enfoncez-les d'environ 3 cm.

2 Amincir le bol
Amincissez la paroi de la partie supérieure, comme si vous vouliez faire un bol à base arrondie reposant sur une masse d'argile. Les doigts de la main gauche plongent de 3 cm dans le bol, tandis que ceux de la main droite, qui leur font face, pressent doucement l'argile en étirant lentement la paroi vers le haut durant la rotation du tour.

3 Ébauche du pied
Une fois que vous aurez effectué deux mouvements ascendants pour amincir le bol, serrez doucement l'argile qui se trouve en dessous pour marquer le pied et le séparer de la base. Ne réduisez pas cette section à une tige trop fine, car cette dernière ne pourrait pas supporter le poids du bol qui la surmonte.

4 Finition du bol
Continuez à amincir la paroi du bol de sorte qu'elle mesure environ 6 mm d'épaisseur à sa base et aille en s'affinant le plus possible jusqu'au bord supérieur. Mais gardez tout de même un rebord arrondi pour qu'il soit agréable de boire dans le verre. Au cours du montage au tour, mouillez suffisamment l'argile pour qu'elle ne colle pas et travaillez avec douceur, car la tige se mettrait à vibrer si vous lui appliquiez une trop forte pression.

5 Décollement de la girelle
Vous pouvez soit conserver les traces de tournage, soit lisser la surface avec une raclette métallique, comme indiqué ici. Enlevez le surplus d'argile de la base et creusez une rainure avec un outil pointu en forme de coin. Puis tendez votre fil à couper au ras de la girelle, que vous aurez préalablement mouillée, et passez-le sous le pied du verre pour le décoller, en veillant à entraîner de l'eau sous le pied pour qu'il puisse glisser. Séchez-vous alors les mains, retirez le verre de la girelle en le faisant délicatement glisser, puis saisissez-le par le pied et posez-le sur une planche pour le laisser sécher.

6 Finition et décoration
Lorsque le verre est en partie sec, retournez-le sur du plastique pour que la base sèche jusqu'à la consistance du cuir. Puis renversez-le sur une motte d'argile en forme de dôme recouverte d'un linge. Vaporisez de l'eau sur la coupe, couvrez-la de plastique jusqu'à ce que l'eau soit absorbée et l'argile ramollie, puis enfoncez des grains de riz dans l'épaisseur de la paroi.

Après un biscuitage à 1 100°C, on a enduit de cire la base du pied et émaillé le verre (voir page 135). On a obtenu l'émail en ajoutant 2 % d'oxyde de cuivre à un émail transparent pour argile à grès (voir pages 16 à 19). On a appliqué cet émail en couche fine pour éviter le risque de tressaillage. Là où l'émail est plus épais, dans les trous formés par les grains de riz, la couleur est plus foncée. La cuisson d'émaillage a été effectuée à 1 280°C.

PICHET

MATÉRIAUX

Une motte de 1 kg 800 d'argile commune rouge, bien préparée

Eau

Émail à l'étain (voir pages 16 à 19)

OUTILS

Éponge et éponge fixée sur une baguette

Raclette métallique flexible

Fil à couper torsadé

Outils pour le tournage

ÉQUIPEMENT

Gants en caoutchouc pour l'émaillage

Balance pour peser l'argile

Récipient avec couvercle

Tour

Planche

Four

Cônes pyrométriques 06, 03, 02, 01, 1

RENSEIGNEMENTS COMPLÉMENTAIRES

Pour une explication des termes, voir le Glossaire, pages 138 à 140

Pour ce projet, nous avons choisi de conserver les traces de tournage afin de donner au pichet l'apparence de l'argile fraîche en train de tourner ; la cuisson figera ce mouvement pour lui donner un aspect fossile.

Lorsque vous monterez au tour des formes hautes, comme ce pichet, vous serez obligé d'introduire votre main et votre bras dans le pot pour atteindre la base. Vous devrez donc mouiller votre bras pour éviter que l'argile en mouvement ne s'y accroche.

Afin que l'extérieur de la pièce en mouvement soit toujours humide, prenez une éponge mouillée entre le pouce et l'index de votre main droite et pressez-la pendant que vous remontez le long du pot. L'éponge ne doit surtout pas toucher le pot, car elle enlèverait de fines particules d'argile, ce qui rendrait la surface rugueuse.

Le façonnage des poignées d'argile demande de l'expérience. Vous pouvez les faire sécher en les laissant pendre au bord d'une table pour qu'elles conservent leur courbure, puis les fixer sur les pots.

1 Centrage et ébauche du pot Centrez 1 kg 800 d'argile. Après avoir creusé le centre et pressé la base pour aligner les particules, mouillez l'intérieur et l'extérieur du pot, en comprimant une éponge imbibée d'eau, puis enlevez l'eau stagnant au fond du pot et commencez à monter la paroi.

2 Enlever l'eau résiduelle Lorsque vous aurez achevé votre premier mouvement ascendant, mouillez à nouveau l'intérieur et l'extérieur du pot, puis éliminez l'eau qui reste au fond du pot. Vous pouvez acheter des éponges montées sur tige (voir page 9) ou les fabriquer vous-même en attachant une éponge sur une baguette avec un élastique.

3 Ceinturer le pot Ce mouvement, qui s'accompagne d'une élévation des parois, augmente la taille des formes hautes. Il permet aussi de recentrer toute irrégularité ; par conséquent, si vous perdez le contrôle du travail, diminuez doucement la pression de vos mains, lâchez la pièce, puis mouillez les parois et ceinturez le pot dans un mouvement ascendant. Ne serrez pas trop le pot, car vous obtiendriez une forme trop étroite.

4 Lors de ce troisième mouvement d'élongation de la paroi, pressez l'argile en l'étirant le plus possible vers le haut pour essayer de gagner en hauteur. Le but est d'obtenir un cylindre. Si vous donnez trop tôt du « ventre » à votre pot, vous aurez plus de mal à l'allonger, puisqu'il gagnera en largeur plutôt qu'en hauteur.

5 **Mise en forme du pot**
Étirez à nouveau la paroi, tout en la poussant vers l'extérieur avec votre main gauche, placée à l'intérieur du pot, pour former un « ventre ». Arrivée au niveau du col du pot, votre main droite devra dépasser la gauche et repousser le col vers l'intérieur. Vous pouvez aussi ceinturer le col.

6 **Formation du bec**
Pincez délicatement une partie du bord supérieur entre votre pouce et votre index, et tirez-la vers le haut, en essayant de l'amincir régulièrement, mais sans excès. En effet, un bord trop fin risquerait de se fendre au moment où vous formerez le bec ; en outre, il se briserait facilement à l'usage.

7 Lissez le bec en passant votre index et votre majeur de part et d'autre de la paroi, comme indiqué ici. Pour arrondir aussi le bord supérieur du bec, enfoncez vos doigts jusqu'au bout et lissez avec la peau reliant vos doigts. Notez qu'il vaut mieux prévoir un bord supérieur épais afin d'avoir assez d'argile pour former le bec.

8 Placez le pouce et l'index d'une main de chaque côté du bec, puis, avec l'index mouillé de l'autre main, appuyez doucement sur l'argile pour abaisser le bec. N'exagérez pas ce mouvement, car l'argile risquerait de se fendre. Enfoncez votre index plus profondément à l'intérieur du pot et poussez légèrement la paroi pour former un renflement sous le bec.

9 Pour amplifier ce renflement, placez le pouce et l'index d'une main de chaque côté du bec, puis pressez les côtés du renflement dans un mouvement descendant avec le pouce et l'index de l'autre main. Essayez de faire des mouvements francs et nets, plutôt que des gestes hésitants, car, à chaque fois que vous toucherez l'argile, vous laisserez une marque qui figurera sur le pot achevé.

DÉCORER UN POT EN LE DÉCOLLANT DE LA GIRELLE

Si vous n'avez pas l'intention de décolleter la base des pots que vous avez montés au tour, vous pouvez très bien ajouter des décorations au moment où vous séparez la base de la girelle avec le fil à couper. En utilisant, par exemple, un double fil spiralé pour décoller le pot, vous obtiendrez un motif décoratif à la base et, si vous lui imprimez un mouvement de va-et-vient, vous aurez un effet de vagues. De plus, avec des fils torsadés, les pots montés au tour se décolleront plus facilement de la girelle. Fabriquez votre propre fil torsadé en attachant un fil métallique double à un morceau de tasseau que vous fixerez sur la girelle avec un peu d'argile ; tenez l'autre extrémité et faites fonctionner le tour. Les lignes de pêche font d'excellents fils à couper.

10 **Ajout d'une poignée**
Avec de l'argile souple, fabriquez une forme oblongue aux bouts ovales, en laissant une extrémité plus épaisse. Scarifiez-la ainsi que l'endroit du pot où vous la collerez, puis mouillez les scarifications. Glissez une main dans le pot pour empêcher les déformations et pressez fermement la queue sur le pot pour assurer un bon collage. Lissez les joints et ovalisez davantage le profil.

11 Avant que la poignée ait atteint la consistance du cuir, mais alors que le collage est suffisamment solide, prenez le pot dans une main, poignée dirigée vers le bas. Mouillez la poignée et les doigts de l'autre main ; entourez le haut de la poignée avec vos doigts mouillés et tirez vers le bas, tout en serrant doucement la poignée pour l'amincir et la mettre en forme.

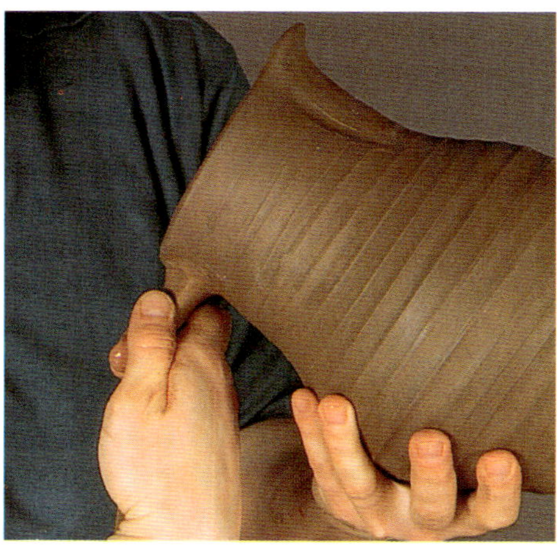

12 Continuez à affiner et incurver la poignée en commençant à la jointure de la poignée et du pot, et en descendant vers l'autre extrémité de la poignée. Mouillez suffisamment la poignée pour que vos doigts glissent sans difficulté sur l'argile. Essayez différentes positions de main pour mettre en forme et amincir la poignée.

13 **Finition de la poignée**
Une fois que la poignée a atteint la longueur désirée, appuyez l'autre extrémité sur le pot (si le pot n'est pas trop sec, il n'est pas utile de le scarifier et de le mouiller). Puis lissez le collage afin qu'il se fonde dans la paroi du pot, ou faites de larges marques en étalant l'argile avec le pouce. Ajoutez un petit bout d'argile en haut de la poignée pour qu'elle soit plus agréable à saisir.

14 **Émaillage du pichet**
Après un biscuitage à 1 000°C, le pichet est prêt à être émaillé. Mettez des gants en caoutchouc et remuez soigneusement l'émail à l'étain dans un seau, en vérifiant qu'il ne contient pas de grumeaux et qu'il est de la bonne consistance (voir pages 16 à 19).

15 Mettez l'émail bien remué dans un broc versant correctement et faites couler environ 1 litre d'émail à l'intérieur du pichet biscuité, puis reversez-le aussitôt dans le seau, en faisant accomplir au pichet un tour complet. Vous serez ainsi certain que l'intérieur du pichet est entièrement recouvert d'émail jusqu'au bord inclus.

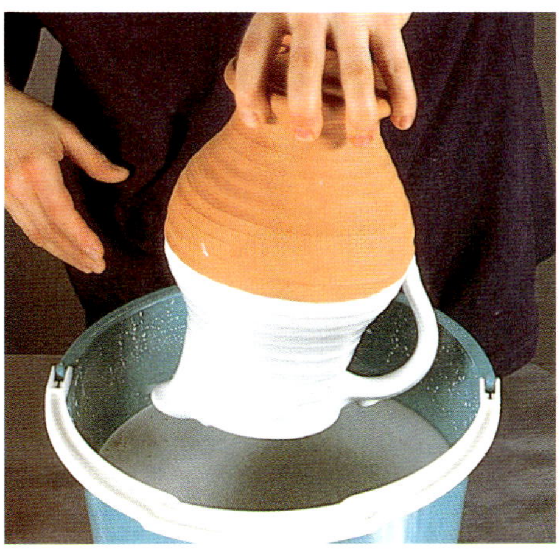

16 Dès que vous aurez vidé le pichet, retournez-le et, en le tenant par la base, plongez-le dans l'émail jusqu'au niveau souhaité. Vous pouvez l'enfoncer dans l'émail jusqu'au pied (à condition d'avoir suffisamment d'émail dans le seau), ou laisser une partie du pot non émaillée, comme ici, pour créer un contraste entre l'argile mate et le brillant de l'émail.

Après avoir trempé le pichet dans l'émail, on a projeté quelques gouttes d'émail avec un pinceau, dans le bas du pichet. Là où la couche d'émail est mince, comme sur le rebord, on peut apercevoir la couleur de l'argile. Vous pouvez fabriquer de l'émail à l'étain en ajoutant 8 % d'oxyde d'étain à un émail transparent pour argile commune (voir pages 16 à 19). On a biscuité ce pichet à 1 000°C, puis on a effectué la cuisson d'émaillage à 1 140°C.

CRÉEZ VOTRE MODÈLE

Les nombreuses techniques décrites dans ce livre peuvent être adaptées à vos propres créations. Compte tenu des infinies possibilités qu'offrent l'argile et l'émail, il peut s'avérer très utile, pour commencer, d'imaginer une pièce en s'inspirant d'un modèle déjà existant. Soyez sélectif et fixez-vous un objectif clair pour le développement de votre travail.

LA FORME

Choisissez le type d'objet que vous voulez fabriquer et étudiez les formes et les surfaces de modèles existants. Dans le cas présent, on a opté pour une coupe à crème glacée. Prenez comme référence un objet aux formes nettes que vous pourrez adapter à votre travail. Par exemple, on a ici choisi une courge jaune qui, posée sur le côté, puis coupée en deux, présente des formes intéressantes.

LE MOTIF

Un vêtement que vous aimez ou un morceau de tissu peuvent fournir d'excellentes bases de recherches pour une texture ou une forme. Ici, on a photocopié le tissu d'une chemise en cachemire (et fait des agrandissements pour accroître la taille des détails) ; puis les motifs ont été simplifiés par le dessin.

LES ESSAIS

Tout en exécutant vos dessins, pensez à la réalisation et aux techniques que vous allez utiliser. Vous pouvez en effet travailler l'argile de différentes façons, mais telle méthode peut être plus adaptée à la réalisation de votre idée. On a ici choisi le montage au tour, car il convient le mieux à la fabrication de cette coupe à crème glacée.

On a commencé par monter au tour des formes expérimentales, en ayant sous les yeux les dessins en coupe que l'on avait réalisés, puis épinglés au mur. Ces dessins, mêlés à des rêves de crèmes glacées, ont donné l'idée d'une coupe à double paroi pour isoler la crème glacée et la conserver froide plus longtemps.

La pièce que vous voyez ici a été confectionnée en deux bols séparés. On a donné au bol extérieur une forme qui rappelle les renflements de la courge. Le bol intérieur est lisse et possède un bord plat qui rejoint le bol extérieur (cela exige des mesures précises). On a donné au bol une base massive que l'on a ensuite décolletée au tour pour former le pied.

LA DÉCORATION

Une fois le montage au tour achevé, on a procédé à la décoration avec des formes découpées dans du papier journal et appliquées sur l'argile au stade de la consistance du cuir. On a passé de l'engobe bleu avec une éponge, puis on a ôté les formes en papier. Les détails ont été effectués à l'applicateur d'engobe.

Notez toutes vos idées de formes sur un cahier d'esquisses – ou un bloc de papier blanc. Essayez de

suivre une idée, en envisageant plusieurs variations sur un même thème – dessinez ce que donnerait une forme plus large, plus haute, plus mince, avec un col élancé, un col épais et massif, un pied en anneau, un piédestal, etc. Les variations sont infinies. Le dessin est un outil inestimable pour le potier, car il est plus rapide que la confection d'une pièce. En examinant les variantes sur le papier, vous pourrez développer des idées pour obtenir des pièces plus accomplies.

LA RECHERCHE

Cependant, la recherche ne doit pas être menée que sur le papier, ce qui produirait des pièces sans âme, auxquelles il manquerait les qualités de la matière elle-même. Il est essentiel de prendre le temps de travailler l'argile. Explorez la nature de ce matériau à tous ses stades de sécheresse et d'humidité, utilisez toutes les techniques et tous les outils, dont le plus important et sans doute le meilleur – vos mains. En combinant le dessin et l'expérimentation manuelle, vous produirez des pots pleins de qualités, tant sur le plan des formes que sur celui de la matière.

Outre les dessins, qui peuvent être de simples griffonnages, il est utile d'expérimenter les textures, les motifs et les couleurs – vous pouvez le faire sur le papier ou sur des plaques d'argile. Explorez toutes les façons de marquer la surface – empreintes de pommes de terre, estampages de tissu au charbon de bois sur du papier, traces de pinceau, empreintes de pattes de chat sur l'argile fraîche. Ces essais peuvent ne ressembler à rien ; on peut d'ailleurs les pratiquer pour le simple plaisir. Néanmoins, cela vous donnera confiance lorsqu'il s'agira d'inscrire des détails à la surface de votre travail, et vous développerez votre propre répertoire de motifs et textures, qui sera consubstantiel à votre œuvre en trois dimensions.

Celui qui commence ce type d'explorations ne connaîtra plus jamais l'ennui. L'examen des objets qui vous intéressent – qu'il s'agisse de fleurs ou de poissons, d'ornements architecturaux ou d'avions – provoquera chez vous un flot d'inspiration matérialisé par le dessin. Et si cela s'accompagne d'expériences menées sur l'argile, votre travail deviendra vivant, intéressant et s'accomplira dans la joie.

Coupe à crème glacée et cuillères
Après un biscuitage à 1 000°C, on a enduit la base de la coupe d'une réserve en latex, puis on a trempé la coupe dans un émail à l'étain (voir page 135). On a ajouté 7 % d'oxyde de cobalt à l'engobe pour que sa couleur bleue transparaisse à travers l'émail relativement opaque. On a cuit les cuillères en les posant sur des pattes de coq métalliques, ce qui a permis de les émailler totalement. On a effectué la cuisson d'émaillage à 1 140°C, tant pour la coupe que pour les cuillères.

GLOSSAIRE

Agathe
Céramique décorée d'engobes de couleurs contrastées, rappelant la pierre du même nom.

Alumine (Al_2O_3)
Un des principaux composants de l'argile et de l'émail. L'alumine a un point de fusion très élevé (2 050°C), ce qui en fait une matière utile pour la fabrication du matériel d'enfournement.

Argile sèche
Argile manquant de *plasticité*. Pour contrôler la plasticité, confectionnez un petit colombin d'argile et donnez-lui la forme d'un anneau en l'enroulant autour de votre doigt. Si la surface se fissure, cela signifie que les particules d'argile ne glissent pas les unes sur les autres : l'argile est « sèche ».

Barbotine
Argile extrêmement diluée, utilisée pour effectuer des collages.

Battage
Opération consistant à frapper l'argile pour aligner les particules de façon à ce qu'elles reposent à plat les unes sur les autres et non dans le désordre.

Bentonite
Argile faite de très fines particules.

Biscuitage
Première cuisson de l'argile, qui la transforme en céramique poreuse.

Céramique
Argile qui a été cuite à plus de 1 115°C.

Chamotte
Argile qui a été cuite, puis broyée en poudre de granulométrie variable, allant du sable à la fine poussière. L'argile se rétracte à la cuisson ; le fait d'ajouter de la chamotte à l'argile fraîche contribuera à limiter ce retrait.

Choc thermique
Variation soudaine de température. On peut créer un choc thermique en versant de l'eau bouillante dans un pot, ou encore en retirant une céramique d'un four chaud.

Colorants pour émail
Oxydes métalliques et carbonates (on peut également trouver des composés du commerce faits d'oxydes et de carbonates) utilisés pour colorer l'émail, l'engobe et l'argile.

Cônes pyrométriques
Ces cônes sont fabriqués par séries numérotées qui fondent chacune à une température donnée. La température du four fait fondre les cônes qui s'effondrent, montrant ainsi l'effet de la chaleur sur l'argile ou l'émail (ces cônes sont faits de la même matière que l'émail). Il est très important de préciser qu'il existe plusieurs fabricants de cônes pyrométriques, chacun ayant adopté des températures légèrement différentes pour sa propre numérotation. Sachez que la numérotation indiquée dans ce livre est valable pour les cônes Orton.

Consistance du cuir
Degré de sécheresse où l'argile n'est plus souple et plastique, mais pas encore sèche et cassante. L'argile qui a atteint la consistance du cuir se manie comme du cuir ou du gruyère.

Décolletage
Procédé qui consiste à éliminer l'excès d'argile sur un pot monté au tour et qui a atteint la consistance du cuir. On l'effectue généralement sur le tour du potier, mais on peut traiter les formes cylindriques sur un tour horizontal.

Ébauchoir
Outil généralement en bois, servant pour le montage au tour.

Éclatement
Ce terme décrit la surface d'un pot après le biscuitage, lorsque l'argile contenait une matière ou un corps étranger, comme du plâtre. Dans cet ouvrage, on parle également d'explosion pendant le biscuitage, si l'argile a été cuite trop rapidement, ou si elle était encore humide ou trop épaisse.

Émail à l'étain
Émail contenant assez d'oxyde d'étain pour le rendre opaque et blanc. On utilise surtout l'émail à l'étain pour l'argile commune rouge.

Émail au sel
Méthode d'émaillage des céramiques qui consiste à injecter du sel dans un four spécialement conçu à cet effet, pendant la cuisson. Le sodium du sel se combine à la silice de l'argile pour former un émail.

Engobe
Argile liquide que l'on emploie pour la décoration et que l'on peut colorer en y ajoutant des oxydes métalliques ou des colorants du commerce.

Extrudeur
Tube métallique qui contient de l'argile poussée par une plaque en métal à travers une *filière*. La forme du trou de cette filière détermine le profil du colombin qui en sort.

Filière
Plaque percée d'un trou de forme variable utilisée pour extruder (voir la définition ci-dessus) de l'argile.

Fissures
Lignes de fracture que l'on peut trouver sur des céramiques exposées à un *choc thermique*. Les causes de ces fissures peuvent être multiples : épaisseur irrégulière de l'argile, température de cuisson incorrecte, émail trop épais, ou encore émail incompatible avec l'argile. Dans le doute, n'utilisez pas ces poteries à des fins alimentaires et ne les mettez pas dans votre four.

Fritte
Émail fondu avec de la silice pour former du verre, puis refroidi et broyé en fine poudre. Dans un mélange d'émail, la fritte entoure les particules de matière du verre, ce qui les rend plus saines et moins solubles.

Gabarit profilé
Gabarit découpé selon une forme à donner à une motte d'argile ou à un moule en plâtre.

Girelle
Plateau supérieur du tour sur lequel on pose la motte d'argile à tourner.

Haricot
Outil à main en forme de haricot, en bois, en métal ou en caoutchouc (ou, si vous le fabriquez vous-même, en plastique – utilisez une carte de crédit périmée ou encore un couvercle de récipient alimentaire).

Latex
Caoutchouc synthétique en suspension dans de l'eau, utilisé en décoration pour tracer des *réserves*. À l'inverse de la cire, il faut enlever le latex pour poursuivre la décoration avant la cuisson.

Majolique
Argile commune rouge, émaillée à l'étain et décorée avec des émaux colorés. Ce nom fait référence à un type spécifique de poterie en argile rouge décorée d'émaux multicolores.

Opacifiant
Minéraux, tels que l'oxyde d'étain, qui, ajoutés à des émaux transparents, les rendent opaques.

Oxydation/oxydé
Phénomène qui indique que l'atmosphère du four, pendant la cuisson, est riche en oxygène. Cela permet une complète combustion du carburant (gas-oil, gaz, ou bois). La cuisson à l'électricité est toujours oxydante.

Oxyde de cobalt
Le cobalt est un métal. L'oxyde de cobalt est le colorant le plus puissant utilisé en céramique ; il donne des couleurs bleues. On l'emploie généralement dans les proportions suivantes : de 0,1 % à 5 % pour colorer l'émail, et de 1 % à 10 % pour colorer l'argile et l'engobe.

Pétrissage
Mélange à la main de mottes d'argile jusqu'à ce qu'elles soient homogènes en texture et souplesse. Le pétrissage sert également à éliminer les bulles d'air contenues dans l'argile.

Pied en anneau
Anneau d'argile constituant la base d'un pot.

Piliers
Cylindres faits d'un matériau hautement réfractaire appelé cordiérite, qui restent rigides même à des températures de cuisson très élevées, comme celles de l'argile à grès. Ils servent à soutenir les plaques d'enfournement pendant la cuisson des pots.

Plasticité
Terme qui qualifie la qualité de l'argile qui peut prendre des formes variées sans se craqueler. Le contraire d'une argile plastique est une *argile sèche*.

Plateau
Ce terme désigne différentes surfaces plates utilisées dans l'atelier de poterie. Les plateaux que l'on emploie pour le montage au tour sont généralement circulaires et sont fixés sur la girelle pour monter des pots à base large. Les plateaux de plâtre sont utilisés pour pétrir et sécher l'argile.

Plot
Motte d'argile montée sur la girelle et sur laquelle on pose le pot que l'on souhaite décolleter ou décorer. L'argile peut être souple et, dans ce cas, il faut la recouvrir d'un linge pour qu'elle n'adhère pas au pot, ou encore avoir la consistance du cuir, ce qui permet de poser le pot dessus sans avoir besoin de l'isoler par un carré de mousseline.

Polissage
Opération qui consiste à donner une apparence lisse, douce et brillante à la surface de l'argile, lorsque cette dernière a atteint la consistance du cuir, ou une fois qu'elle est complètement sèche. Le polissage s'effectue généralement avec un outil dur et lisse, comme par exemple le dos d'une cuillère.

Pyrométriques
Voir *cônes*.

Raku
Technique de cuisson japonaise qui consiste à enlever les pots du four alors qu'ils sont encore rouges de chaleur et, parfois, à les placer dans de la sciure ou un autre combustible.

Réduction
Phénomène qui se produit dans un four où règne une atmosphère pauvre en oxygène et où la combustion est incomplète. Le contraire de la réduction est l'*oxydation*.

Réfractaire
Qualifie une substance pouvant résister à de très hautes températures ; c'est par exemple le cas de l'*alumine*, dont le point de fusion se situe à 2 050°C.

Réserve
Matière qui empêche une substance colorante, comme par exemple un engobe ou un colorant sous émail, d'adhérer à la surface de l'argile. Les matériaux le plus utilisés sont la cire, le latex et le papier.

Roulette décorative
Disque monté sur un manche et dont la tranche comporte une gravure qui s'imprime dans la matière sur laquelle on l'applique.

Rutile
Oxyde contenant du titane et un peu de fer.

Savon mou
Savon à base de potasse utilisé pour empêcher le plâtre de coller pendant la confection d'un moule.

Scie à découper
Scie à main en forme de « U » utilisée pour découper des formes incurvées dans le bois ou d'autres matières. On peut enlever la lame, la faire passer par un trou percé dans la plaque que l'on veut découper, puis fixer à nouveau la lame sur la scie, ce qui permet de commencer une découpe par l'intérieur, par exemple pour fabriquer une *filière*.

Sgraffite
Technique décorative qui consiste à gratter l'engobe pour faire apparaître la couleur de fond.

Spatule
Outil plat, généralement en bois, utilisé pour mettre en forme ou bien aplatir de l'argile souple.

Sur émail (colorant)
Teinture à basse température de fusion que l'on applique sur des surfaces achevées, émaillées et cuites.

Surface carbonisée
Dépôt charbonneux absorbé par l'argile poreuse pendant une combustion incomplète de matière organique, par exemple de la sciure.

Surforme
Outil à main de menuiserie – marque déposée – ressemblant à une râpe à fromage, que l'on trouve dans toutes les bonnes quincailleries. Cet outil sert à aplanir les surfaces.

Terre cuite
Argile commune grise ou beige, qui devient rouge à la cuisson.

Tournette
Il s'agit d'un tour à main. Le plateau supérieur mesure 15 à 20 cm de diamètre et est lancé à la main. On l'utilise surtout pour appliquer des bandes décoratives d'*engobe* à la surface des pots.

Tressaillage
Fin réseau de fissures qui se produit à la surface de l'émail, lorsque le retrait de l'émail est supérieur à celui de l'argile. Les causes en sont diverses. Indésirable sur les poteries destinées à un usage alimentaire, le tressaillage peut être provoqué dans un but décoratif.

Trous d'épingle
Défaut de l'émail qui se manifeste par des petits trous de la taille de trous d'épingle aux bords arrondis. On peut les éviter en maintenant le four à sa température maximale durant un certain temps, lors de la cuisson d'émaillage.

INDEX

REMERCIEMENTS

Nous tenons tout particulièrement à remercier les potiers suivants qui ont effectué les démonstrations qui illustrent cet ouvrage : **Clare Finch** (pour les chapitres du *modelage* et de la *plaque*), **Samantha Stone** (pour le chapitre du *colombin*), et **Morgen Hall** (pour le chapitre du *montage au tour*).

Nous souhaitons aussi remercier John Leach, de la poterie Muchelney, Langport, Somerset (Angleterre), pour nous avoir permis d'utiliser certaines de ses réalisations pour illustrer ce livre. Un remerciement particulier à tous les potiers dont les œuvres apparaissent dans cet ouvrage. Toutes les autres photographies sont sous copyright de Quarto Publishing.

Nous aimerions également remercier Bath Potter's Supplies, Dorset Close, Bath (01225 337046) pour nous avoir prêté l'équipement photographié dans cet ouvrage et le matériel utilisé pour les démonstrations.

Enfin, pour la version française, nous tenons tout particulièrement à remercier les établissements CERADEL, pour leurs conseils et commentaires.

Clare Finch

Samantha Stone

Pauline Monkcom

Morgen Hall